KB046501

퍼블리싱 마케팅 트렌드

퍼블리싱
마케팅
트렌드

책 좀 팔아본 사람들의
출판 마케팅 노하우

곽선희 외 지음
기획회의 편집부 엮음

PUBLISHING
MARKETING
TREND

한국출판마케팅연구소

마케팅을
어떻게 사유할 것인가

장은수 편집문화실험실 대표

한국 출판에선 흔히 '마케팅'과 '영업'을 비슷한 일이라고 생각한다. 그러나 완전히 다르다. 피터 드러커는 말했다. "마케팅의 목표는 판매를 불필요하게 만드는 것이다." 마케팅의 목적이 특정 출판사나 책에 대한 독자 인식을 바꾸는 일이라면, 영업의 목적은 서점, 도서관, 학교 등의 현장에서 도서 판매량을 늘리는 일이다. 마케팅은 흔히 홍보, 광고, 캠페인, 행사 등 공중전 형태를 띠고, 영업은 판매 현장에서 책이 발견되고 선택될 수 있도록 진열, 이벤트, 경품, 할인 등의 형태로 이루어진다. 마케팅이 잘되면, 영업은 필요 없다. 애쓰지 않아도 책이 날개를 달아 독자를 찾아가듯 저절로 팔리기 때문이다. 당연히 이상론이다. 현실에선 둘을 밀접하게 연결해 운용할 구조를 갖추었을 때, 한 출판사의 판매 역량은 극대화한다.

소셜 미디어 마케팅 기획서를 올렸는데 "이거 한다고 책이 팔려?"라고 묻는 상사가 있다면, 당장 판매 현장에 나가는 게 좋다. 상사가 마케팅을 이해하지 못하는데, 아무리 열심히 마케팅 활동을 해도 좋은 성과 지표가 나올 리 없다. 그 시간에 서점 엠디MD를 만나 공급률을 조정하고 경품을 기획해서 노출을 확대하고 독자 편익을 늘리는 게 판매에 더 도움이 된다. 아니면 학교 도서관에 꾸준히 얼굴을 내밀면서 사서 교사에게 교과 연계 프로그램을 제안하고, 추천 도서 선정과 저자 강연을 맞바꾸는 게 에너지 낭비가 적다. 마케팅의 목적은 인식이지 판매가 아니기 때문이다.

출판사 대표들이 판매에 관심이 더 큰 이유도 있다. 장기 브랜드 관리에 신경 쓰기 힘든 출판사 규모나 눈앞의 생존 문제도 걸려 있을 테다. 그러나 가장 큰 이유는 책, 즉 제품 자체가 마케팅에서 핵심적 역할을 한다고 믿어서다. "출판에서 가장 큰 부가 가치는 편집 활동에서 생성된다"(신동익). 책은 단지 상품이 아니라 그 자체가 강력한 미디어다. 가치 높은 책은 고객을 빨아들인다. 이 사실이 모든 출판 활동의 출발점이다. 독자가 바라는 좋은 책을 내면, 특별한 마케팅 행위가 없어도 밀도 높은 현장 영업만으로 책을 충분히 팔 수 있다. 게다가 "'마케팅은 책 내용에 답이 있다'라고 했는데, 내용에 어울리는 돋보이는 아이디어야말로 최고의 마케팅"(조동욱)이지 않은가.

출판 강연을 나갈 때마다 말하는데, 대다수 출판사는 가뜩이나 부족한 자원을 쓸데없는 데 낭비하지 말고, 시장 흐름에 민감히 반응하면서 한 책 한 책 기획과 판매에 공들이는 게 더 낫다. 그러나 『마케팅 불변의 법칙』(비즈니스맵)에서 알 리스와 잭 트라우트가 반복해서 강조하듯 "마케팅은 제품이 아니라 인식의 싸움이다". 제품 중심 사고는 마케팅 활동을 고민할 땐 조금 옆으로 미뤄두는 게 낫다. 특히, 마케팅을 이야기하면서 눈앞의 판매에 매달리면 곤란하다. 출판 마케팅은 "독자를 잘 아는 것이 중요하고 더불어 독자와의 긴밀한 관계를 형성"(천정한)하는 일을 중심 고민으로 삼을 때 의미를 띠는 까닭이다. 책이 아니라 독자를 생각하는 사람만 마케팅의 문턱을 넘어설 수 있다.

물론, 책 판매에 반드시 이래야 한다는 법칙 같은 건 존재하지 않는다. 진화의 역사가 우리에게 알려주듯, 강한 자가 살아남는 게 아니라 살아남는 자가 강하다. 마케팅과 영업의 두 날개를 펴고 날아오르든, 마케팅 없는 영업에만 온 역량을 쏟든, 출판사마다 규모와 환경에 맞춰 생존과 번영에 최적화하면 그만이다. 영국의 한 출판사 영업부장은 책 나오기 전에 전국 서점에 미리 신간 정보를 안내하고, 매절 주문 부수에 따라 저자 사인회, 강연회, 대담회 등을 제안하고, 그에 맞춰 저자 투어 일정을 세심하게 짠다. 언제, 어디에서든 "유통이 생산을 결정"(신동익)하기에 출판 영업자가 가장 신경 쓸 일은 적절한 비용을 들여 서점의 판매 활동을 돕는 일이다. 영업은 "'유통'의 눈으로 출판 산업을 바라"(신동익)보는 사람만 잘할 수 있다.

마케터의 일은 다르다. 같은 회사의 마케터가 가장 신경 쓰는 건 직접 판매가 아니다. 투어 일정에서 자연스레 독자 명함, 전화번호, 주소, 독자 반응, 평가 등을 모아서 고객 데이터베이스를 구축하는 일이다. 차후에 신간을 기획할 때 사전에 독자를 조사하고, 신간이 나왔을 때 알림 문자를 보내는 등 마케팅의 기초가 되기 때문이다. 어느 영어책 출판사는 전국 규모로 학원 강사 네트워크를 구축한 후 세미나 등을 열어 교수법과 교재 활용법, 직접 공급률 등을 안내한다. 어린이책 출판사 중엔 교사를 대상으로 같은 일을 하는 곳이 많다. "시대와 상황이 바뀌더라도 '고객 만들기'라는 '마케팅의 본질'은 변하지 않"(백창민)는다.

구체적으로 교사나 강사 같은 인플루언서 집단들과 강한 유대 관계를 구축하는 건 입소문 마케팅의 바탕이다. 본질적인 관점에서 말하면, '간접 인식'의 창조다. 알 리스는 말한다. "소비자는 '간접 인식'을 근거 삼아 구매 결정을 하는 경우가 많다. 사람은 자기 인식을 활용하지 않고 다른 사람이 현실을 인식한 내용을 기반으로 구매 결정을 한다." 문학동네 네이버 카페가 오랫동안 해왔듯, 특정 콘텐츠를 다루는 커뮤니티를 구축하고, 서평단 등을 운영하는 건 이런 '간접 인식'을 창출하기 위해서다. "많은 이들은 같은 커뮤니티에 소속되어 자신이 동질감을 느끼는 구성원이 특정 책을 구매하고 추천하면 의심 없이 사게 되는 특성을 띤다"(신태순).

마케팅에선 독자를 이해하고, 그 인식을 바꾸는 자가 결국 승리한다. 그러나 그 인식의 측정 수단이 책의 '단기 판매량'이라면, 마케터가 할 일은 별로 많지 않다. 일을 하면 성과를 내야 하고, "전술적 결과를 고려하지 않고 전략에 치중하면 오류를 범하기"(알 리스) 쉽지만, 관계 구축도, 커뮤니티 구축도 다소 시간이 걸린다. 참을성 없는 출판사는 마케팅을 통해 자생력을 기르지 못한다. 평가 지표를 어디에 두느냐는 각 출판사 환경과 역량에 따라서 다르겠으나, 단기 판매량이 아닌 건 분명하다.

독자에게 출판사를 "하나의 패션 브랜드처럼 각인시켜야 한다"(곽선희). 대다수 출판사의 마케팅 목표는 브랜딩이다. "독자가 먼저 찾는 출판사는 분명한 이미지와 개성, 그리고 취향이 존재"(박주미)한다. 그런데 이런 각인을 만드는 데 가장 필요한 건 충분한 노출 횟수다. 어떤 식으로든 인식의 임계를 넘어설 때까지 브랜드는 크게 구축되지 않는다. 패션업체는 온·오프라인 채널 전체에 광고를 쏟아부어 자사 브랜드를 소비자 머릿속에 새겨넣지만, 대다수 출판사는 주어진 역량이 모자라서 그러기 힘들다. 이럴 땐 솔직히 끈기가 유일한 대안이다. 독자 시선을 확 끌어모으는 기발한 아이디어는 소중하지만, 대부분 휘발한다. 전략적 방향만 옳다면, 출판 마케팅에선 시간의 힘을 믿고 임계치가 넘을 때까지 브랜드를 꾸준하게 알리는 수밖에 없다.

따라서 "공식 계정에서 꾸준한 브랜딩으로 충성 독자를 늘려나가고, 광고 계정에 열심히 콘텐츠를 쌓아 자체 홍보력을 강화한다면 2~3년 뒤 다른 결과를 얻을 수 있"(박중혁)다는 걸 믿어야 비로소 효과적 마케팅이 가능하다. "나쁜 출판사는 책을 내기 급급하고, 좋은 출판사는 서비스를 제공하고, 위대한 출판사는 커뮤니티를 만든다"(백창민). 이 말처럼 마케팅과 영업의 차이를 인식하고, 회사에 맞게 적절한 전략과 조직을 갖추며, 역량을 효율적으로 배분하는 게 무엇보다 중요하다.

『퍼블리싱 마케팅 트렌드』는 출판 전문지 〈기획회의〉 600호 특집을 보완한 것이다. 주로 코로나19 팬데믹 이후, 한국 출판 마케팅에서 인상적인 장면을 연출한 사례를 모았다. 민음사, 위즈덤하우스 같은 대형 출판사, 퍼블리온, 클레이하우스 같은 1인 출판사, 청년서가 같은 홍보 대행사 등 소속 조직의 규모와 역할도 각각 다르고, 인스타그램 릴스, 유튜브, 틱톡, 이메일 뉴스레터, 카드 뉴스 등 마케팅 채널과 수단도 다르다. 그러나 이들은 모두 마케팅의 괴로움을 호소하는 데에서 출발한다. "갈수록 마케팅을 어떻게 해야 할지 모르겠다." "뭐를 해도 안 팔린다." 이 책을 읽는 독자들도 마찬가지일 것이다.

저출생 고령화에, 미디어 환경 변화로 독자는 줄어들고, 시장 진입은 쉬워져서 활동 출판사 숫자가 5,000곳이 넘으면서 한 해 8만 종 이상 책이 쏟아진다. 신간의 수명은 갈수록 줄어 자칫 석 달도 못 가 시장에서 완전히 잊힌다. 게다가 연이어 나온 새 책이 앞에 나온 책을 밀어내면서 장기적·지속적 마케팅을 불가능하게 한다. 이런 환경에선 우리 출판사 책이 나왔다는 사실을 독자에게 인지시키는 발견성 확보도 어렵고, "왜 하필 이 책이어야 하는지를 설득"(윤성훈)하는 일은 더욱 어렵다. 하지만 독자 인식을 바꾸는 일은 본래 대단히 힘들다. 알 리스는 말한다. "마케팅에서 가장 낭비적인 일은 사람 마음을 바꿔보려는 노력이다." 어찌 보면, 이 책에 실린 성공 사례들은 낭비를 효율로 바꾼 기적적 사례들이라고 할 수 있다.

마케팅을 말할 때, 우리는 흔히 팁Tip에 집중한다. 모 출판사가 카드 뉴스로, 유튜브 광고로, 온라인 서점 광고로 책 좀 팔았다고 하더라는 소문들 말이다. 물론 '카더라 노하우'를 기대하면서 이 책을 읽어볼 수도 있다. "마케팅은 어디까지나 현장성이 중요"(천정한)하고, 이런 노하우를 얻는 것은 '나도 한번 해볼까' 하는 용기를 주고, 희망을 불어넣으며, 두근거리게 하는 힘이 있다. 빠른 실행력과 결합하면 성과를 거둘 가망성도 크다. 온라인 세상에선 때때로 연결 자체만으로도 거대한 폭발적 창발성이 생겨난다. 많은 마케터가 블로그, 인스타그램, 유튜브, 틱톡 등 "새로운 아이디어들을 다양한 플랫폼에 적용하는 방법을 연구"(최원석)하고, '핫'한 플랫폼을 찾아서 마케팅 떠돌이가 되는 이유다. 그러나 그런 건 이 책을 얄팍하게 읽는 것이다. "지금 우리가 알고 있는 마케팅 노하우는 조금만 시간이 지나도 무용해진다. 심지어 이 변화의 속도는 점점 더 빨라지고, 비용은 계속 증가하며, 비용 대비 효과 역시 갈수록 떨어진다"(윤성훈).

노하우를 좇고 트렌드를 따르는 출판사는 적디적은 역량을 헛된 일에 낭비하기 쉽다. 이것저것 시도하며 우왕좌왕하기보다 차라리 강력한 팬덤을 거느린 인플루언서 책을 기획해 출판하는 데 집중하는 쪽이 낫다. "고객(팬)이 있는 채널(유튜브, 블로그, 인스타 등)을 찾아 출판에 성공한 사례가 얼마나 많은가"(박선영)라든지, "인플루언서를 섭외해서 책을 기획하는 순간 출판 마케팅의 50%는 이미 완성된다"(신태순)와 같은 말은 이 책 곳곳에서 반복해서 나온다. 트렌드 파악은 뒤쫓기 위해서가 아니라 목표를 찾아내 신속하게 앞서가려 할 때만 유용하다.

그러므로 이 책의 가장 좋은 사용법은 성공 사례 자체보다 그 사례가 낳은 구조적 통찰에 집중하는 것이다. 가령, 출간부터 판매까지 단계별로 "출판 마케팅의 구조를 머릿속에 그리"(조동욱)는 일은 언제나 옳다. 마케팅 이론으로 말하면, 이는 '고객 여정 지도'를 그리고, 적합한 마케팅 접근 방식을 설계하고 실행하는 일에 해당한다. 이런 마케팅 활동을 꾸준히 해내면 출판사는 강해진다. 『어서 오세요, 휴남동 서점입니다』로 단숨에 자리 잡은 클레이하우스 역시 '판매를 부르는 치트 키' 확인보다 책을 판매할 수 있는 마케팅 구조에 집중한다.

클레이하우스는 "책이 나온 이후에 마케팅 활동을 하는 것이 아니라, 책 출간을 기다리는 독자를 미리 만드는 작업"(윤성훈)을 더 깊게 고민한다. 구조를 고민해야 전략이 나온다. 일단 방향이 정해지면, 그 일에 하기에 적합한 책을 기획하고, 거듭해서 출판하며, 독자와 친밀성을 높이는 일을 반복하면서 자기 브랜딩 강화에 집중할 수 있다. 어찌 보면

이게 마케팅을 잘하는 최선의, 유일한 비결이다. "책을 만들고 나서 핵심 독자를 찾는 것이 아니라 소비자를 먼저 모으고 모인 그룹 안의 소비자에게 필요한 작품을 주는 방식이 성공 확률을 높일 수 있다"(김한성).

그러려면 마케팅에 대한 질문을 바꿔야 한다. 윤성훈은 말한다. "이제 나는 '어떻게'를 묻는 대신, 더 집요하게 '누가'를 물으려고 한다." 노하우와 치트 키가 아니라 독자에 주목하는 접근 방법 덕분에 우리는 업마켓 소설 시장에서 새롭고 강력한 출판 브랜드 하나가 탄생하는 걸 지켜볼 수 있었다. 알 리스의 말을 빌리면, "이 제품은 경쟁사 제품보다 어떤 점이 더 좋은가?"라는 가짜 질문에 홀려 헤매는 대신 "이 제품이 최초가 될 수 있는 영역은 무엇인가?"라는 핵심 질문에 모범 답안을 낸 셈이다. 클레이하우스 이전에 이른바 '힐링 소설'은 출판에서 하나의 영역으로 존재하지 않았다.

또 이런 접근 방식은 작은 출판사가 큰 출판사에 승리하는 좋은 방안이기도 하다. 세분 시장을 집중 공략해서 지배적 시장 점유율을 확보하는 일이다. 경쟁이 치열한 문학 출판 시장에서 위즈덤하우스도 같은 방식으로 움직였다. 사전 조사를 통해 독자의 욕구를 파악하고, 작품의 온라인 선공개, SNS 홍보, 뉴스레터 서비스 등을 조합해서 구독형 단편 소설 시리즈 '위픽'의 자리를 굳힌 것이다. 알 리스는 말한다. "적보다 우세하려면, 병력을 한 곳에 집중해라." 단편 소설을 단행본으로 팔다니! 독자를 먼저 이해하고 인식을 바꾸면 블루오션 시장이 열린다.

판매 전략으론 치고 빠지는 게릴라전이 유리할 수 있으나, 마케팅 전략은 "지속적인 작은 액션"(박중혁)을 거듭하면서 세분 시장에 강력한 마케팅 진지를 구축하는 쪽으로 움직여야 한다. "출판사가 자사 고객(독자, 팬)을 모으고, 유지하고, 자사에서 만든 콘텐츠를 홍보하고 나아가 판매까지 할 수 있다면 다양한 기획을 실현할 수 있을 것이다"(박선영). 그러므로 출판사 역량에 맞춰 일상적으로 쉽게, 자주, 꾸준히, 일관성 있게 실행할 수 있는 마케팅 수단을 찾는 건 필수적이다. "'특정 주제를 가진 기획 채널'을 운영하면 소셜 미디어 채널은 잘될 것이다. 처음부터 출간할 도서와 어울리는 주제의 채널을 만들어 브랜딩을 하고 팔로우하는 사람들의 관심사인 상품을 만들면 된다"(김한성). 브랜딩을 고민한다면, 이런 장기 지속적 진지전을 함께 고민해야 한다. 마케팅에선 대부분 장기 전략이 단기 아이디어에 승리한다.

인스타그램 등에 계정을 만들어 특정 콘텐츠에 관심 있는 사람들을 불러들이거나, 구독자를 모아서 뉴스레터를 보내는 정도의 콘텐츠 마케팅은 출판사가 비교적 쉽게 할 수 있는 장기 전략을 보여준다. 어쨌든 출판사 안엔 글 잘

쓰고, 독자에게 적합하며 내용 충실한 콘텐츠를 만들 수 있는 편집자와 마케터와 디자이너가 있다. 잡스러운 여러 활동을 줄이고, 콘텐츠 마케팅에 집중하면 별도 비용 없이 이런 채널을 성공적으로 운용할 수 있다. 흐름출판, 민음사, 위즈덤하우스, 동아시아 등 대다수 출판사가 뉴스레터의 구독자 모집과 콘텐츠 정기 배송에 뛰어든 이유일 테다.

물론, 콘텐츠 마케팅은 콘텐츠의 주기적인 발송에서 그치는 게 아니라 "콘텐츠에 적합한 해시태그와 키워드를 분석", "트래픽 결과에 따른 분석과 개선을 통해 성과를 만드는 것"(이민지)까지 포함한다. 이 분석과 개선은 트래픽 분석 도구 활용, 검색 엔진 최적화SEO, 이메일 마케팅, 클릭 광고 분석, 인공 지능과 자동화 활용 등 온라인 마케팅에 관한 일정 수준의 전문 지식 없이 잘하기 힘들다. 성과가 꾸준히 우상향 그래프를 그리기 쉽지 않아서다.

소셜 미디어 채널을 활용한 콘텐츠 마케팅에선 발화자의 매력적 캐릭터 구축이 필수다. 아리스토텔레스의 말처럼, 설득에선 언제나 '무엇을 말하느냐'보다 '누가 말하느냐'가 더 중요하다. 진실은 감정에 뒤처지고, 감정은 인간을 앞서지 못한다. 그래서 이 책의 필자들은 말한다. "브랜드의 정체성과 메시지를 인스타 프로필뿐만 아니라 일관된 스타일과 톤으로 계속 보여주며 상대방에게 신뢰감을 줄 수 있어야 한다"(이민지). "운영자에게 캐릭터를 부여해 독자와의 소통 빈도를 늘려 인게이지먼트를 올렸다"(박중혁). 이처럼 독자와 함께 성장하면서 나날이 인간미를 더하는 캐릭터의 조형, 콘텐츠 문체 및 구조의 섬세한 설계는 "출판사에 충성심을 가질 '팬'을 모으는 것"(이한글), 즉 독자 구축에서 반드시 고려할 성공 요소다.

민음사 뉴스레터 〈한편의 편지〉 담당자는 뉴스레터 마케팅은 이제 클리셰, 즉 "안 하면 티가 나는 그런 서비스"(신새벽)라고 말한다. 기본이란 뜻이다. 네이버 블로그, 페이스북, 인스타그램, 유튜브, 틱톡 등 한때 인기를 끌던 콘텐츠 계정 운영도 마찬가지다. 모든 마케팅은 신선함의 임계를 넘어서면 출판사의 일상이 된다. 문제는 기본 마케팅의 가치를 인정하고, 그 성과를 이용해 무엇을 할까. 모든 출판사의 기본 영업 활동은 서점 엠디 미팅이다. 어떤 출판사는 그 미팅에서 판매와 매출을 만들고, 어떤 출판사는 배본과 반품을 반복한다. 마찬가지다. "사전 연재를 하는 방식의 메일링 서비스를 기획"하여 "타깃 독자를 확보"(이예지)해서 책을 알리고 파는 출판사도 있으나, 노력에 비해 메아리가 되돌아오지 않는 출판사도 있다. 그 이유는 대개 독자에게 구매 외의 어떤 행동을 제안할지 몰라서다. "'주소! 주소!' 하게 해야지 '사소! 사소!' 하고 있네"(이연실).

채널을 구축해서 독자를 모았으면, 독자 행동을 유발하는 좋은 제안은 필수다. 그 제안이 '신간 안내, 행사 알림, 구매 링크' 정도라면 곤란하다. 위즈덤하우스가 구독자와 함께 "독자가 읽고 싶었던 이야기를 만들고 독자가 나서서 알리는 순환 고리"를 구축하려고 다채로운 노력을 거듭하는 건 좋은 사례다. 가령, "요즘 읽는 책, 구독자에게 추천하고 싶은 책, 나누고 싶은 풍경" 등 "간단한 과제를 통해 독자와 일상을 공유"하고, "독자들이 답한 메시지와 사진은 다음 뉴스레터에 소개"(곽선희)한다. 이는 고객 충성도를 높여서 소셜미디어 공유, 블로그 서평 작성 같은 자연스러운 고객 행동을 유발한다.

클레이하우스가 "입소문이 나도록 독자에게 미리 책을 읽힐 것. 그리고 출간 후 광고에 써먹을 판매 포인트를 만들 것"(윤성훈)이라는 두 가지 측정 지표를 만들고, 그에 맞추어 각종 활동을 기획하는 것도 흥미롭다. 구체성은 언제나 사고를 만든다. 이런 게 있으면 누구나 쉽게 독자 행위를 구체적으로 설계하고, 이를 공격적으로 제안할 수 있다.

예전엔 이른바 '마케팅 삼박자'가 맞으면 대다수 책이 손익분기점을 넘었다. "출간 초기 흐름을 살펴보면 비교적 언론에 기사화가 잘되고, 오피니언 리더들이 스피커 역할을 해주면서 힘을 받는다. 이는 다시 서점 노출로 연결되면서 판매가 오르는 선순환으로 이어진다. 이 흐름을 타고 적절한 시점에 서점 광고를 하거나 굿즈를 만들어 노출을 유도하는 등 조금 더 판매가 유지될 방법을 붙여나가면서 성과를 냈다"(이연실).

그러나 이 책에 글을 쓴 많은 마케터가 이런 전통적 리듬의 붕괴를 하소연한다. 좋은 책을 내서 기적적으로 세 코스를 모두 거쳐도(이 일도 너무나 어렵다!), 기대만큼 책이 판매되지 않는다는 것이다. 넋 놓고 있다간 자칫 책이 종이로 바뀌어 창고에 쌓일 수 있으므로, 출판사는 마케팅 리듬을 세 박자에서 네 박자로, 다섯 박자로 변주할 수밖에 없다. 궁즉통窮卽通, 언제나 유한성이 창조성의 전제 조건이다. 이 책의 모든 사례는 세 박자 세계에서 네 박자를 고민하면서 생겨났다. 다이렉트 마케팅도 그중 하나다.

다이렉트 마케팅, 즉 독자 판매 채널 구축은 마케팅이 판매로 직접 이어질 수 있다는 점에서 바람직하다. '이거 하면 우리 책이 팔려?'라는 반문에 숫자로 답할 수 있어서다. 게다가 서점을 통한 발견성 확보와 최소 판매 달성이 갈수록 어려워지고 있다. 잘 알다시피, 오프라인 대형 체인 서점의 매대는 출판사 광고로 채워지고, 온라인 서점 역시 경품, 행사, 이벤트, 공급률 조정 등 간접 비용을 치르지 않으면 첫 화면, 기획전 등에 책을 노출해주지 않는다.

서점 엠디에겐 출판사 미팅 매뉴얼이 있는 듯하다. 만나면 일단 공급률 조정을 권하고, 광고를 유도하고, 이벤트 참여를 설득한다. 출판사에서 엠디가 바라는 판매 보조비 지급을 받아들이면, 공급 부수를 늘려주고 그에 따라 노출도 해준다. 노출이 반드시 판매를 보장하진 않기에 때때로 이런 간접비 지급이 그 책의 매출보다 클 때도 있다. 슬픈 일이다.

이런 비극을 피하는 방법의 하나가 다이렉트 마케팅이다. 청미출판사는 책 판매에서 서점 의존도를 낮추기 위해 독자 직구 채널을 만들었다. "서점에 갔다가 재고가 없어 여러 번 헛걸음한 독자의 아이디어에서 시작하게 됐는데, 그것이 청미의 판매 채널로 자리를 잡았다. 직구는 신간을 출간하거나 가정의 달, 명절 연휴, 연말연시 등 선물하기 좋은 시점에 주로 홍보하고, 독자가 요청하면 항시 가능하다"(이종호).

이벤트성 매출도 쏠쏠하지만, 더 중요한 것은 역시 책 소비자의 구매 행동 데이터 축적이다. "자사 몰을 보유하고 있기 때문에 구글 애널리틱스라는 분석 툴을 활용해 내가 실행한 광고에 UTM 파라미터라는 일종의 추적기를 달아 고객의 발자취를 분석할 수 있다. 어떤 성별과 연령대에 어떤 관심사를 가진 고객이 어떤 경로로 우리 사이트에 유입됐고, 어떤 상품을 장바구니에 담고 고민하다가 떠났는지, 그리고 언제 다시 방문해 그 상품을 구매했는지까지 집요하게 따라다니며 잠재 고객에 대한 정보를 확인하고 데이터를 쌓을 수 있다"(이한글). 다시 말하지만, 마케팅을 통해 이런 데이터 구축 노력을 안 하려면 차라리 "이미 일정한 팬을 보유한 작가를 확보하는 데"(이한글)에 집중하는 게 낫다.

일단 책 구매와 관련한 고객 데이터를 확보하면 고객 행동 설계가 쉬워진다. 디지털 퍼포먼스 광고, 고관여 표적 마케팅, 입소문 마케팅, 자동화 마케팅 등 출판사가 할 수 있는 마케팅도 늘어난다. 가령, "우리 책이 어디에서 발견되고 어떤 이야기가 오고 가는지를 포착해 거기에 맞춤한 성격의 굿즈를 빠르게 만들어"(이연실)내는 발 빠른 판매 아이디어 제안을 통한 매출 창출도 일일이 온갖 소셜 미디어 채널을 뒤적이지 않아도 얼마든지 가능하다. 조동욱은 말한다. "외부 마케팅에 의지하면 본인 출판사 계정에는 아무런 변화가 일어나지 않는다. 자신의 계정으로 홍보하고 광고해야 다음 책을 출간할 때 늘어난 팔로워에게 내 책을 알릴 수 있다. 이런 과정을 몇 번만 거치면 눈에 띄게 팔로워가 늘어나는 것을 느낄 수 있다. 오늘의 마케팅은 내일을 위한 마케팅이다."

이 책에 실린 글을 읽어보니, 30년 전 필립 코틀러의

『마케팅 원리』(시그마프레스)를 읽으면서 책의 기획과 판매, 마케팅과 홍보 전략을 고민하던 때가 떠올랐다. 그 책은 차츰 개정을 거듭하면서 지금은 18판이 나와 있다. 시장 환경 변화에 집중해서 펴내는 시리즈도 어느새 『필립 코틀러 마켓 6.0』(더퀘스트)에 이르러 있다. 그만큼 세상은 빠르게 변화한다. 마케팅 노하우와 트렌드도 끝없이 달라진다.

그러나 코틀러는 이 모든 책에서 항상 하나에만 집중하라고 주장한다. "최고 기업의 마케터들은 모두 공통의 목표를 공유한다. 바로 고객을 마케팅의 핵심에 놓는 일이다. 급격히 디지털화되고 관계 지향적으로 변모하는 시장에서 고객 가치와 참여를 창출하는 것이 마케팅의 전부이다. 마케터들은 고객과 유대감을 형성하고 자사 브랜드가 고객의 삶과 대화에서 의미 있는 한 부분이 될 수 있도록 고객과 깊은 관계를 형성하려 한다. 고객 가치와 고객 참여가 모든 좋은 마케팅 전략의 추진력이다."

세상이 아무리 변해도, 원리는 바뀌지 않는다. 제품이 아니라 고객에게 집중하는 일, 고객 인식을 바꾸려고 노력하는 일, 이게 언제나 마케팅의 모든 것이다.

지금 마케팅을
이야기해야 하는 이유

한기호 한국출판마케팅연구소장·〈기획회의〉 발행인

〈기획회의〉가 드디어 600호의 고지에 올랐다. 만 25년의 대장정에 일단 마침표를 찍는다. 한 호의 결호도 없이 여기까지 올 수 있었던 것은 오로지 출판계 구성원의 사랑이 있었기에 가능했다. 〈기획회의〉 발행인으로서 600호를 맞이하면서 그동안의 사랑에 어떻게 보답할 수 있을지 생각해보았다. 전권 특집으로 다루고 싶은 주제가 많았지만 딱 하나만 고르라면 역시 '출판 마케팅'이었다. 요즘 만나는 출판인들에게 가장 큰 고민이 무엇이냐고 물어보면 십중팔구 출판 마케팅이라고 답했기 때문이다.

이 책은 출판 마케팅을 고민하는 보다 많은 독자에게 가닿을 수 있도록 〈기획회의〉 600호 특집 원고를 묶어 단

행본으로 출간한 것이다. 왜 지금 출판인들은 이구동성으로 마케팅을 이야기할까? 학령 인구가 줄어들고 책을 읽던 독자들이 늙어가면서 출판 시장에 노래를 부르려는 사람은 많아도 정작 노래를 들으려는 사람은 없는 형국이다. 저자가 되려는 사람은 많아도 독자로 남는 사람은 없다는 이야기다. 무료 정보가 범람하고 영상 정보가 넘쳐나면서 책이 위기를 맞이했다는 이야기는 끊이지 않는다. 그럼에도 불구하고 하룻밤을 자고 나면 어김없이 기발한 마케팅으로 성과를 내어 베스트셀러에 오르는 책들이 속속 등장하고 있다.

출판 시장이 전 세계로 확대되면서 K-콘텐츠는 세계 시장에서 고공 행진을 거듭하고 있다. 과거의 전통적인 출판 산업은 몰락했다는 아우성이 쏟아지고 있지만, 한편으로 책이라는 무형의 '지적 가치'를 훨씬 더 다양한 형태로 상품화하고 세계 시장을 통해 판매하면서 새로운 가능성을 열어가는 출판 기업이 늘고 있다. 이미 외국의 대형 출판사들은 '콘텐츠+미디어+저작권+매니지먼트 비즈니스'로 탈바꿈해 가능성을 열어가고 있다. 이것은 엄청난 기회다.

역사의 뒤안길로 사라질 것 같았던 레거시 미디어 업체들은 콘텐츠 플랫폼으로 거듭나면서 오히려 시장을 확대해나가고 있다. 인간이 눈만 뜨면 스마트폰 화면부터 찾는 세상에서 책의 개념이 달라지고 마케팅 방법론이 달라지는 것은 너무나 당연하다. 따라서 출판 비즈니스는 혁명적으로 달라져야만 한다. 달라져야 하는 줄은 아는데 방법은 알기가 어렵다. 그래서 출판의 위기 속에서 마케팅의 중요성이 더욱더 강조되고, 모두가 더 좋고 바람직한 마케팅이 무엇인지 갈구하는 것이리라!

그렇다면 마케팅이란 무엇일까? 여러 정의가 있지만 마케팅은 '주고받기'라는 네 글자로 간단하게 정의 내릴 수도 있다. 우리 인생 또한 주고받기일 것이다. 누구나 사심을 버리고 모든 것을 주려 들면 타인도 내게 되도록 많은 것을 주려고 할 것이다. 그런데 인생이 오묘하듯 마케팅 또한 오묘하다. 무엇을 주어야 할지를 잘 알 수 없다. 쉽게 말해 독자의 오묘한 마음을 알아차리기가 쉽지 않다. 그래서 출판 마케팅에 대한 생각은 저마다 다르다. 인간의 욕망은 10인 100색, 나아가 10인 1000색이라고 할 수 있다. 세상이 복잡해지는 만큼 마케팅 환경도 복잡해지고, 독자의 욕망 또한 다양해지고 있다.

이번 단행본에 원고를 쓴 윤성훈 클레이하우스 대표는 출판 마케팅이 "최소한의 베이스캠프도 없이 해발 고도 0에서 등반을 시작해야 하는" 일이라 했다. 누구나 출판을 시작하면서 아무 지식도 없는 상태에서 맨땅에 헤딩부터 해야 한다는 말이다. 이것은 엄청난 에너지 소모다. 처음부터 출판 마케팅 구조를 제대로 머릿속에 그린 다음 차근차근 세부 전략을 세워 성과를 내야만 한다. 이 책은 이런 발상에서 기획되었다. 이를 위해 출판 현장에서 마케팅에 대해 끊임없이 고민하면서 다양한 시도를 하고 있는 출판 관계자들에게 한국 출판 마케팅의 현재와 미래에 대한 생각을 들어보았다.

　　나는 1983년부터 영업자로 일하기 시작했다. 처음에는 무조건 부지런히 뛰어야만 했다. 현장을 누비면서 독자를 만나고 업계 관계자를 만나야 했다. 서로에게 좋은 아이디어를 제시해주는 사람이 많았다. 인적 네트워크가 마케팅의 승부를 좌지우지했다. 그러나 지금은 어떤가! 우리를 연결하는 것은 스마트폰 하나만으로도 가능하다. 그 공간에서 책의 운명을 바꾸는 무수한 '치트 키'가 등장한다. 빅데이터의 해석을 통해 독자의 마음을 사로잡는 상품을 내놓고 바로 유혹할 수 있다. 하지만 그 무수한 치트 키는 두 번의 동일한 기회를 제공하지 않는다. 그러니 늘 새로운 발상으로 시장을 능동적으로 바꿔나가야만 한다. 이런 시대에 나 같은 오랜 경험자가 젊은이들의 기발한 상상력을 따라잡기가 쉽지 않다는 것을 절감하곤 한다. 하지만 이 책을 읽고 나 같은 사람도 새로운 마음으로 다시 시작할 수 있다는 자신감을 얻었다.

이 책에 글을 쓴 사람들은 최근에 안정적인 성장을 이뤄낸 출판사의 대표나 구성원, 막 출판계에 입문해 새로운 시도로 성공 가능성을 만들어낸 이들이다. 저마다 경험이 달라 그 차이가 주는 상상력이 만만찮다. 특히 3년 미만 경력을 가진 젊은 필자들의 상상력에 주목해주실 것을 당부한다. 이 책을 모두 읽고 나면 해발 고도를 1000m 정도로 높인 다음 아래를 한번 굽어살핀 뒤에 마케팅을 시작할 수 있다는 확신이 들 것이다.

최근 출판 시장에서 좋은 성과를 낸 출판사들은 독자와의 관계성을 잘 만들어내는 베테랑 출판사와 남들이 생각해내지 못했던 새로움으로 도전한 루키였다. 과거의 성공 모델을 답습하면서 어정쩡한 태도로 일관한 출판사들은 서서히 추락해갔다. 어쩌면 지금 출판 시장은 중간층이 사라지면서 철저하게 양극화되고 있는지도 모른다. 이런 현실에서 각자도생만이 능사가 아닐 것이다. 조동욱 도마뱀출판사 발행인은 함께 토론하고 연구하는 일의 중요성을 강조한다. "1인 출판사의 출판과 마케팅은 외로움과의 싸움이지 않은가 싶은데, 함께 고민과 기쁨을 나눌 수 있는 동료가 있다는 것 자체만으로도 출판 마케팅의 반은 성공한 것 아닐까. 이런 다소 과장된 생각도 해본다"고 말했다. 맞는 말이다. 이 책은 함께 공부하려는 이들에게 양질의 텍스트가 될 것이라

자부한다. 모두가 좋은 성과를 내어 행복한 미래를 스스로 열어가시길 기원한다.

차례

| 장은수 | **여는 글** 마케팅을 어떻게 사유할 것인가 | 04 |
| 한기호 | **INTRO** 지금 마케팅을 이야기해야 하는 이유 | 22 |

Part 1   출판인의 마케팅 노트

박중혁	판은 내가 짤게, 홍보는 누가 할래?	32
윤성훈	'어떻게'가 아니라, '누가'를 묻는 마케팅으로	43
박선영	가보지 않은 길 찾기	53
이예지	빠른 세상에서 느린 매체를 파는 법	64
신새벽	인문잡지의 뉴스레터 마케팅	76
곽선희	가장 좋은 마케터, 독자	87
이종호	낯설지만 피할 수 없는 출판 마케팅의 새 흐름	99
이연실	이 책을 왜 읽어야 하냐는 물음에 답하기 위해	111

Part 2   변화하는 세상, 진화하는 마케팅 트렌드

| 박주미 | 사람의 마음을 움직이는 건 늘 사람이다 | 120 |
| 신태순 | 9년간 여덟 권의 책을 쓴 저자로 살아남게 만든 출판 마케팅 관점 | 131 |

홍순철	열심히 좋은 작품 써주세요. 해외로 열심히 팔아보겠습니다!	147
이한글	출판 플랫폼 바깥의 마케팅 경쟁 그리고 비즈니스 융합화	154
이민지	2024년 출판 산업을 뒤흔들 MZ세대의 트렌드는 무엇이 있을까?	164
조우석	효과적인 출판 마케팅을 위한 북튜브 활용법	174
한기호	멤버십 비즈니스야말로 가장 확실한 마케팅 방법론	184

Part 3 다시, 마케팅이란 무엇인가

김한성	마케팅믹스 4P를 깊게 생각한 2023년	196
백창민	출판 마케팅에 '정답'은 있을까?	211
신동익	출판 마케터 15년, 기억나는 선배들의 여섯 문장	221
최원석	책을 읽는 기쁨과 재미를 주는 마케팅	231
천정한	출판 마케팅, 독자 중심·콘텐츠 마케팅으로의 전환이 필요하다	241
조동욱	왜 우리는 연대해야 하는가	252

저자 프로필	262

출판인의
마케팅 노트

PUBLISHING
MARKETING
TREND

판은 내가 깔게,
홍보는 누가 할래?

박중혁 흐름출판 마케팅팀 과장

"독서를 장려하기 위해 출판계에서 함께 하는 캠페인이 있을까요?" 2023년 11월, 어느 강연에서 한 대학생이 물었다. 사회생활을 앞둔 대학생들의 풋풋한 질문이 오가던 차에 분위기가 전환되는 순간이었다. 출판계 사람의 질문이었다면 '뭐야? 곤란하게 만들려고 작정했나?'라고 생각했겠지만 호기심 가득한 눈빛을 봤을 때 순도 100%의 질문이었다.

　그 순간 머릿속에 떠오른 건 〈책책책! 책을 읽읍시다〉뿐이었다. 무려 20년이 훌쩍 지난 프로그램이 기억나다니. 여기 강연장에 있는 대부분은 그때 태어나지도 않았을 건데. 심지어 출판계에서 시작한 것도 아닌데. 망했다 싶었다. "〈책책책! 책을 읽읍시다〉만 떠오르는데 어떡하죠?"란 농담

엔 아무도 웃지 않았고(옆에 있던 관계사 부장님들은 웃었던 것 같다) 어떻게 대답을 이어갔는지 기억조차 나지 않는다.

그 이후 곰곰이 생각해봤다. 정녕 〈책책책! 책을 읽읍시다〉밖에 없었나. 적어도 출판계에 있었던 동안의 기억엔 도무지 떠오르지 않았다. 출판 관련 단체와 출판사는 그렇게나 많은데 독서 인구가 줄고 있다는 부정적인 이야기만 들었지, '다 같이 한번 바꿔보자!'란 도전적인 시도를 본 적이 없었다. 그 이유는 단순하다. 다들 자기 책 팔기 바쁘기 때문이다. 사양 산업에서 중요한 건 하루 매출이지, 중장기 목표는 아니었다. 캠페인이 직접적인 수익으로 전환될 가능성도 낮다.

리소스가 많이 드는 계획일수록 기대감과 우려도 커진다. 반대로 리소스를 들이지 않는다면 밑져야 본전이 아닐까? 그건 성공하지 않아도 실패라고 정의할 수 없다. 캠페인의 주체가 굳이 단체여야만 하는 것이 아니라면 가장 먼저 시작해보고 싶었다. 경험이 쌓이면 버벅거리지도 않을 거라 생각했다. 역시 업무 시간엔 일을 제외한 모든 것이 재밌고 브레인스토밍은 빨라진다. 실행력 또한 배가된다. 그렇게 '출판사 직원의 인생 책 릴스 시리즈'를 기획했다.

출판사 직원 열세 명의 '인생 책 릴스' 시리즈

책을 좋아하는 사람으로서 늘 타인의 '인생 책'이 궁금했다. 세상의 수많은 책 중 단 한 권을, 그것도 하루 여덟 시간 이상 책 만드는 이들의 인생 책이라면 사람들이 한 번쯤 눈여겨보지 않을까 하는 생각이 들었다. 그 궁금증은 출판사 인스타그램을 팔로우한 독자들도 가지고 있으리라고 확신했다. 출판인의 인생 책 설명을 독자들이 본다면 자연스레 독서 장려로 이어질 것 같았다. 그 취지를 담은 '인생 책 릴스' 출연 제안서를 순식간에 작성했다. 단순한 아이디어를 발전시키는 방법은 '리스크'가 생각나기 전에 실행하는 것이다. 어차피 잃을 것도 없었고 릴스를 활용한 마케팅을 예전부터 진행해보고 싶었다.

총 아홉 곳 출판사에서 열세 명의 편집자, 디자이너, 마케터를 만났다. 기존 업무에 부담이 되지 않는 선에서 회사 근처 10분 이내 거리에 있는 동료들을 섭외했고, 모두 기획 의도를 잘 파악해 뜻깊게 동참해주었다. 촬영 시간은 길어봤자 10분 안팎. 최종 영상도 1분 이내라 편집 시간이 오래 걸리지 않았다. 처음에 기준으로 설정한 '최소한의 리소스'를 지키면서 작업했다.

그 결과, 2024년 7월 기준 총 재생 시간 260시간, 재생 횟수 12만 5,000회, 저장 382회를 기록했다. 평균 인스타그램 피드 도달 수보다 네 배나 높은 수치였다. 처음 제작한 릴스가 생각보다 높은 성과를 달성한 것이다. 출연에 임해준 동료들이 감사 인사를 전해왔을 뿐만 아니라 다른 분들까지 출연 요청을 해왔다. 무엇보다 좋은 기획을 해줘서 고맙다는 독자들의 댓글에 가장 큰 만족감을 느꼈다.

대다수는 이런 의문이 들 것이다. '이거 한다고 책이 팔려?' 당연히 안 팔린다. 촬영 때 우리 출판사 책을 언급해달란 요청조차 하지 않았고, 고작 한두 번 언급됐을 뿐이다. 그 한두 번으로 폭발적인 판매량 상승이 이뤄지지도 않는다. 그럼에도 하는 이유는 명확하다. 브랜딩을 위해서다.

출판사 공식 인스타그램의 목적: 브랜딩

대다수 출판사의 공식 인스타그램 구성은 대동소이하다. 신간 소개하고 작가 인터뷰도 나왔다가 도서 증정 이벤트도 하고 서평단도 모집한다. 그런 와중에 카드 뉴스까지 만든다. 모두 주입식 정보다. 인스타그램이 생겨난 이래로 이 구성을 유지하는 곳이 많다. 좋은 인스타그램 계정은 하나의 일관된 주제와 공감형 정보를 담은 콘텐츠로 구성하는데, 출판사들만 마구잡이로 업로드하고 있는 것이다. 이야기의 주체도 마케터인지, 편집자인지, 대표인지 불분명하다. 출판사 인스타그램을 운영하는 사람이라면 안다. 온종일 카드뉴스를 만들어 올려봤자 댓글은 안 달리고 '좋아요' 수는 저조하다. 그렇다고 판매량으로 전환되지도 않는다. 그럼에도 여러 제약으로 인해 비효율적인 형태를 유지하고 있다.

대략 2~3년 전부터 '공식 계정에 올리는 광고성 콘텐츠가 판매에 도움이 될까'란 의문이 있었고, 1년 전부터는 명확하게 안 된다고 결론지었다. 그렇다고 세계 1위 소셜 미디어인 인스타그램을 놓을 수는 없다. 페이스북은 졌고 대항마로 등장한 소셜 미디어들은 다 망했다. 그러면 어떻게 인스타그램을 활용할 수 있을까?

우리는 공식 계정의 목적을 '브랜딩'으로 잡았다. 신간 알림, 출판사 소식 등 최소한의 필수 정보만 남겨두고 광고 형태 콘텐츠(카드 뉴스)는 다 제외했다. 공적인 소식만큼 출판사 직원의 사적인 내용도 담았다. 운영자에게 캐릭터를 부여해 독자와의 소통 빈도를 늘려 인게이지먼트를 올렸다. 어떻게 책을 만드는지, 출판사에선 무슨 일이 일어나는지 소소한 이야기로 구성했다. 출간이라는 '결괏값'이 아닌 책이 나오는 전후 '과정'에 집중했다. 한 번의 큰 액션이 아닌 지속적인 작은 액션으로 독자와의 거리를 좁힌 것이다.

이번 '인생 책 릴스' 시리즈도 철저히 브랜딩의 목적

을 담았다. 열세 명의 인생 책 중 우리 도서는 고작 한 권뿐이지만 단권 홍보에 연연하지 않았다. 열세 명이 소속도 다르고 각각 다른 책 이야기를 하더라도, 그 영상을 한눈에 볼 수 있는 공간이 우리 회사 공식 인스타그램 계정이면 어떨까? 분명 독자가 인식하는 회사 이미지가 달라질 것이다. 시리즈를 본 독자들이 '여기는 뭐 하는 곳이길래 출판계 사람들 기획물을 만드는 걸까'란 궁금증을 가질 거라는 판단은 적중했다. 우연히 하나의 영상을 본 독자가 또 다른 시리즈를 보기 위해 유입됐고, 총 열세 편의 릴스를 업로드하는 동안 300~400명의 팔로워를 확보했다(광고비는 쓰지 않았다). 지금도 알고리즘을 타고 계속 조회 수가 오르고 있다. 회사 이미지 제고를 위한 브랜딩 관점에서 소기의 성과를 달성한 것이다.

브랜딩을 공식 계정의 목적으로 잡았으니, 콘텐츠 마케팅은 광고 계정을 만들어 보완했다. 알게 모르게 이미 대형 출판사 몇 곳은 여러 개의 광고 계정을 운영 중이다. 한 개부터 많게는 수십 개를 가진 출판사들도 있다. 당연히 계정 이름에 출판사명이 드러나지 않는다. 처음 알았을 때는 충격이었고 뒤이어 허무감이 밀려왔다. 이미 감각 있는 출판 마케터들은 계정을 나누어 운영하고 있던 것이다. '마인드셋, 자기 계발, 동기 부여'와 같은 일관된 주제의 계정을 만들어 콘텐츠를 바이럴 마케팅하고 있었다. 통일성 있는 콘텐츠를 올리면서 타깃층에 해당하는 팔로워를 모았다. 그 결과, 공식 계정에서 혼재된 콘텐츠를 올릴 때보다 더 좋은 성과를 보였다.

앞으로 계정을 이원화하는 출판사가 많아질지는 의문이다. 출판 마케터가 하는 일이 한두 개가 아니기에 머리론 이해해도 실행하기는 어려울 수 있다. 다만 경험으로 얻은 한 가지 확실한 사실은 특성을 구분하지 않고 관성적으로 콘텐츠를 올린다면 그 계정 효과는 미미할 수밖에 없다.

작은 회사에 특화된 브랜딩

다시 브랜딩으로 돌아가면, 이미 다른 업계는 콘텐츠 마케팅만큼 브랜딩에 힘을 쏟고 있다. 브랜딩은 작은 기업에 필요하다. 대기업은 이미 축적된 이미지가 있고 비교적 고객과 만날 기회가 많다. 따라서 신제품이 나왔을 때 한 번의 큰 '액션(결괏값)'만 보여주면 알아서 고객들이 따라온다. 예를 들어 대형 출판사의 스타 저자라면 '이 책 나왔어요!' 하는 큰 액션만 보여줘도 먹힐 수 있다. 그러나 그건 1%에 불과하다. 이미지를 쌓아나가야 하는 대다수는 전혀 효과를 보지 못한다. 그래서 한 번의 큰 액션이 아닌 지속적인 작은 액션이 필요하다.

'모베러웍스', '오키로북스', '김씨네과일'을 보면 브랜딩의 힘을 느낄 수 있다. 예시로 든 세 곳 모두 이용하는 플랫폼은 다르지만 자신들의 업무 결과물이 아닌 과정을 공유한다. 공유하는 화자 또한 기업 이름이 아닌 닉네임을 써서 고객과의 소통 문턱을 낮췄다. 어떤 마음가짐으로 일하고, 그 과정에서 무슨 일이 생겼는지, 어려움을 어떻게 극복해 나가는지 인간적인 면모를 보여 공감대를 쌓는다. 이 과정을 함께 봐온 사람이라면 결과물이 나왔을 때 이미 충성 고객이 되어 있다.

작은 기업의 브랜딩 과정을 보며 확실히 끈기의 영역이라 느낀다. 콘텐츠의 완성도는 생각만큼 중요하지 않다. 진정성만 드러나면 고객은 움직인다. 막대한 예산과 물량이 아닌, 일관된 메시지를 꾸준하게 전달한다면 브랜드 가치는 공감받기 마련이다.

바야흐로 숏폼의 시대

'인생 책 릴스' 시리즈를 기획하면서 콘텐츠 형태를 숏폼(릴스)으로 선택한 이유도 있다. 인스타그램은 릴스 활성화를 위해 수익화를 시작했다. 그리고 기프트, 구독, 보너스 등 다양한 수익 창출 기능도 도입했다. 시청자 확보를 넘어 제작자를 더 늘리겠다는 의미다. 인스타그램뿐만 아니다. 유튜브는 전체 영상 조회 수의 88%가 쇼츠에서 발생한다. 물론 인스타그램보다 앞서서 쇼츠 수익화를 시행했다. 콘텐츠 소비 패턴이 급격하게 변화하는 요즘, 얼른 실험하고 경험해볼 필요를 느낀 것이다.

숏폼의 시도는 유효했다. 무엇보다 유의미한 숫자는 콘텐츠 도달률이다. '인생 책 릴스' 시리즈 중 가장 반응이 좋았던 편의 경우 총 1만 3,964명에게 도달했다(기존 피드 콘텐츠는 평균 2,000명에게 도달했다). 피드와 릴스 도달률의 규모 자체가 다른 것이다. 그뿐만이 아니다. 릴스 도달 인원 중 70% 이상은 우리 계정 팔로워가 아니었다. 이건 알고리즘으로 우리와 접점이 없던 고객에게 노출됐다는 의미다. 신규 고객 유치의 가능성을 보여준 수치이기도 하다. 기존 콘텐츠의 90% 이상이 팔로워에게 도달한 것을 보면 릴스를 통한 브랜드 성장이 더 효율적이란 걸 알 수 있다.

틱톡, 유튜브, 인스타그램에 이어 네이버까지 숏폼 시장에 가세한 상황이다. 이미 숏폼을 적극적으로 활용하는 출판사도 많아졌다. 긴 영상이 전부였던 예전보다 촬영과 편집이 수월하고 OSMUone source multi-use가 가능하다. 당분간 숏폼을 대체할 콘텐츠는 나오기 어려워 보인다. 포화 상태가 될지언정 시장의 판도가 변하기엔 몰입 인구가 너무 많다. 결국 마케터는 사람이 몰리는 곳에서 책을 팔아야 한다. 도파민 중독의 위험성을 말하는 책을 만들지만, 그 책을 팔기 위해서 도파민을 이용해야만 하는 아이러니한 상황을 마주해야만 한다.

실패와 경험은 한 끗 차이

몇 년 전만 해도 마케터끼리 모이면 정말 홍보할 곳이 없다는 이야기를 주고받았다. 네이버 책문화판은 바뀐 지 오래고, 유튜브 광고비는 기하급수적으로 오르며, 출판사 경쟁 상대는 더 이상 책이 아닌 영상 콘텐츠가 됐다. 하지만 이런 어려운 시기를 투자 기간으로 생각하면 오히려 기회가 된다. 공식 계정에서 꾸준한 브랜딩으로 충성 독자를 늘려나가고, 광고 계정에 열심히 콘텐츠를 쌓아 자체 홍보력을 강화한다면 2~3년 뒤 다른 결과를 얻을 수 있지 않을까. 더불어 아직 출판계에서 보기 드문 릴스 시도도 좋은 긴장감을 줄 것이다. 우리 또한 새로운 릴스 시리즈와 브랜딩 방안을 열심히 기획 중이다.

지금 하는 일이 비효율적이라면 무엇이든 변화를 시도해야 한다. 물론 자신 있게 진행한 일의 성과가 안 나올까 봐 초조해지기도 한다. 그래도 10년 차로 들어서는 지금, 이 것 하나는 확실히 안다. 홍보 마케터의 일은 생각만큼 (시간을 제외하고) 많은 리소스가 들지 않는다. 따라서 성과가 나오면 더 높게 평가받고, 나오지 않더라도 잃을 게 없다. 실패가 아닌 경험이 남을 뿐이다.

지금도 '좋아요' 수와 댓글을 보며 마음 졸이는 마케터들에게 안부를 전하고 싶다. 같이 연합 이벤트도 하고 재밌는 마케팅을 기획하면서 오래오래 업계에서 잘 버텼으면 좋겠다. 그럼 언젠가 〈책책책! 책을 읽읍시다〉의 뒤를 잇는 무언가를 우리가 만들 수 있지 않을까. 그때까지 힘내야지 뭐, 어쩌겠어. 파이팅해야지.

'어떻게'가 아니라, '누가'를 묻는 마케팅으로

윤성훈 클레이하우스 대표

출판인이 모이면 꼭 나오는 소리가 있다. 마케팅이 어렵다! 그렇다. 출판 마케팅은 정말 어렵다. 예전에도 어려웠는데 점점 더 어려워진다. 출판 마케팅은 왜 이리 어려운가? 이유를 알아야 해결 방안도 찾을 수 있을 터. 일단 그 이유를 가늠하기 위해 한 발 한 발 더듬거리며 앞으로 나아가보자.

마케팅 '치트 키'가 사라진 출판 시장

다품종 소량 생산. 출판만큼 제품 수가 많은 업종은 없다. 애플이나 현대자동차에서 나오는 신제품 수보다 1인 출판사인 클레이하우스에서 나오는 신제품 수가 더 많다. 그리고 대부분의 신제품은 나올 때마다 맨땅에 헤딩이다. 이미 누구나 아는 아이폰 신형, 그랜저 신형을 마케팅하면 되는 그들과 달리, 출판은 누가 쓴지도 모르는 생소한 제목의 책을 불특정 다수에게 알리기 위해 애써야 한다.

최소한의 베이스캠프도 없이 해발 고도 0에서 등반을 시작해야 하는 출판 마케팅. 이게 다 브랜딩이 안 되어서다. 팬덤을 갖춘 일부 유명 저자, 자리를 잘 잡아 그다음 편을 내기만 하면 팔리는 일부 시리즈물을 제외하면 대부분의 일반 성인 단행본은 베이스캠프가 없다. 아무도 기다리지 않는 책을 애써 만들었는데, 이게 얼마나 좋은지 알리기가 쉽지 않은 것이다. 시장이 어렵다고 해도 신간은 끊임없이 나오고, 이미 독자에게 알려진 비슷한 주제의 책도 있으니, 그 많은 대체품 중에 왜 하필 이 책이어야 하는지를 설득하는 일은 쉽지 않다.

그럼에도 특정 시기에는 꽤 잘 먹혔던 일종의 '치트 키'가 있었다. 나는 2019년과 2020년에 다산북스 인문팀 팀장으로 일했는데, 그 시절 우리 팀에서 출간된 베스트셀러는 대부분 '다음 1boon' 서비스를 통한 카드 뉴스(북툰) 마케팅이 초기 판매를 이끌었다. 『철학은 어떻게 삶의 무기가 되는가』, 『역사의 쓸모』, 『내가 원하는 것을 나도 모를 때』, 『아비투스』, 『부자의 그릇(개정판)』 등이 모두 그 수혜를 입은 책이었다.

치트 키가 있어 출판 마케팅이 쉽다고 잠깐 착각했고, 그래서 출판사를 창업한 후에도 내가 하던 방식대로 하면 어느 정도의 판매는 보장되리라고 믿었다. 하지만 현실은 그렇지 않았다. 2021년 중반부터 '다음' 모바일의 인터페이스가 변하고, 사람들도 카드 뉴스를 콘텐츠가 아닌 광고로 인식하기 시작하면서 기존의 카드 뉴스 마케팅은 급격히 힘을 잃었다. 클레이하우스의 두 번째 책인 『나를 살리는 철학』이 출간됐을 때만 어느 정도의 효과가 있었을 뿐 나머지 책에서는 모두 실패로 돌아갔다. 나는 당황할 수밖에 없었고, 이제 책을 어떻게 팔아야 할지 앞이 보이지 않았다.

온라인 서점 광고도 크게 다르지 않았다. 모 서점 PC 팝업 광고 혹은 모바일 팝업 광고만 해도 어느 정도 판매되던 시절이 있었고, 그보다 더 전엔 온라인 서점 '오늘의 책'에 선정만 되어도 판매량이 확 오르던 시절이 있었다. 그보다 더 전엔 신문 광고로 책을 팔 수 있었고, 또 그보다 더 전엔 일간지 서평으로 책을 팔 수 있었다. 그런데 어느 순간 그 모든 치트 키가 사라진 느낌이었다.

대형 유튜브 채널을 통한 광고로 베스트셀러가 쏟아지던 시기도 있었지만, 카드 뉴스 마케팅과 비슷한 시기에 전성기를 누렸다가 지금은 이마저도 효과가 급감했다. 트위터

(X), 페이스북, 인스타그램 등 소셜 미디어 채널을 통한 광고 역시 해당 플랫폼의 흥망성쇠를 그대로 따르며 답이었던 것이 답이 아니게 됐다. 한마디로 지금 우리가 알고 있는 마케팅 노하우는 조금만 시간이 지나도 무용해진다. 심지어 이 변화의 속도는 점점 더 빨라지고, 비용은 계속 증가하며, 비용 대비 효과 역시 갈수록 떨어진다. 마케팅이 어렵다는 말이 안 나올 수 없는 환경이다.

'입소문'과 '판매 포인트'를 만드는 사전 마케팅

우는소리를 실컷 했지만, 답이 아예 없는 것은 아니다. 시기로 보나 분야로 보나 제한될 수밖에 없는 답이라 하더라도 어쨌건 최소한의 답은 있다. 지금 베스트셀러 순위에 있는 책들은 그나마 그 제한된 답을 찾은 사례일 것이다. 클레이하우스의 경우 소설 분야에서는 어느 정도 답을 찾았다. 내가 처음 마케팅 스승으로 삼은 책은 『달러구트 꿈 백화점』(팩토리나인)이었다. 이 소설은 사전 마케팅 준비가 너무나 잘됐는데, 내가 파악한 핵심은 '크라우드 펀딩에서의 성과'와 '전자책 선출간을 통한 성과' 확보였다. 책이 나온 이후에 마케팅 활동을 하는 것이 아니라, 책 출간을 기다리는 독자를 미리 만드는 작업이 주효했다.

그렇게 답을 파악하니 문제는 다시 기획임을 알 수 있었다. 이런 식의 마케팅이 가능한 도서를 기획하는 일이 우선이었다. 그래서 클레이하우스는 2022년 밀리의서재에서 전자책으로 선출간되어 조금씩 입소문이 나고 있던 소설 『어서 오세요, 휴남동 서점입니다』의 종이책 출간을 기획했다. 그리고 이 책을 기다리는 독자가 많다는 점을 내세워 온·오프라인 서점에서 공격적인 마케팅을 펼쳤다. 책을 좋아하는 사람들이 이 작품을 좋아하리라는 확신이 있었기에 과감히 투자할 수 있었고, 다행히 기대 이상의 성과를 냈다.

2023년에는 『비가 오면 열리는 상점』이 배턴을 이어받았다. 텀블벅에서 『달러구트 꿈 백화점』보다 더 많은 후원금이 모인 소설이었기에 기획할 때 망설일 이유가 없었다. 하지만 그것만으로는 충분하지 않다고 판단해 두 가지 사전 마케팅 활동을 추가했다. 하나는 예스24 오리지널에서 전자책을 선출간한 것이다. 연말에 발표한 자료를 보니, 2023년 예스24 오리지널 도서 중 가장 많은 사랑을 받은 책이 바로 『비가 오면 열리는 상점』이었다. 정보라, 김초엽, 천선란 등 유명 작가의 신작들마저 넘어선 기대 이상의 성과였다.

다른 하나는 출간 전 해외 판권 수출이었다. 『어서 오세요, 휴남동 서점입니다』에 대한 해외 출판인과 독자의 뜨거운 사랑을 확인하며 해외에서 상업적으로 통하는 한국 소설에 대한 감이 좀 생겼다. 그래서 『비가 오면 열리는 상점』
은 출간 전부터 영문 소개 및 샘플 번역 자료를 만들어 런던
도서전에서 널리 소개했다. 출간 전에 하나라도 계약이 되
면 좋겠다는 마음으로 런던 출장을 다녀왔는데, 무려 여섯
국가의 출판사와 계약을 진행했다. 신인 작가의 첫 소설이
국내 출간도 되기 전에 6개국에 판권을 수출했다니, 그것 자
체가 하나의 뉴스이자 판매 포인트가 됐다.

그렇게 이 책은 사전 마케팅을 통해 독자에게 어필할
수 있는 판매 포인트를 차곡차곡 쌓았다. 텀블벅에서의 성
과, 예스24 오리지널 전자책의 성과, 해외 판권 수출 성과
등 대부분의 소설은 이 중 하나도 이루기 어려운 특별한 성
과였다. 당연히 출간 후 마케팅 활동을 할 때 이 판매 포인
트들을 적극적으로 활용했고, 독자들은 이 새로운 소설의
등장에 아낌없는 성원을 보내주었다.

사실 출간 전에 미리 독자를 확보하는 건 새로운 마케
팅 전략이 아니다. 과거 『미움받을 용기』(인플루엔셜)나 『오
베라는 남자』(다산책방) 등이 대형 베스트셀러가 된 데에도
엄청난 규모의 사전 서평단의 힘이 컸다. 출간 전 가제본을
만들어 타깃 독자에게 책을 미리 읽을 기회를 제공하고, 자
연스러운 입소문을 유발하는 방식은 대표적인 사전 마케팅
활동 중 하나였다. 네이버 출간 전 연재를 통해 독자에게 기

대감을 심어줌으로써 성공적인 사전 마케팅이 이뤄지던 때도 있었다.

전자책 선출간 역시 본질은 이와 다르지 않다. 종이책 출간 전에 전자책으로 미리 해당 작품을 재미있게 읽은 독자는 그 도서의 열렬한 전파자가 된다. 심지어 가제본을 읽을 때와는 달리 무료로 책을 읽은 것도 아니다. 월 구독료를 지급하고, 수많은 책 중 읽고 싶은 작품을 주체적으로 골라서 읽은 것이다. 그러니 더 진정성 있는 후기가 쏟아지고, 그 후기들은 추후 종이책을 출간할 때 큰 힘으로 이어진다.

정리하자면, 결국 마케팅은 출간 전에 성패가 갈린다. 그러니 우리가 출간 전에 해야 할 일은 다음 두 가지다. 입소문이 나도록 독자에게 미리 책을 읽힐 것. 그리고 출간 후 광고에 써먹을 판매 포인트를 만들 것. 이 두 가지 작업이 선행되어야 마케팅에 돈을 쓸 수 있는 최소한의 환경이 조성되는 셈이다.

2024년 1월에 출간한 소설 『마지막 마음이 들리는 공중전화』도 비슷한 방식으로 사전 마케팅을 준비했다. 프랑크푸르트 도서전을 통해서 해외 출판사들에 소개했고, 국내 출간 전 루마니아, 폴란드, 튀르키예 등과 판권 계약을 마쳤다. 그리고 종이책 출간 한 달 전에 밀리의서재에서 단독으로 전자책을 선출간했는데, 독자들의 폭발적인 반응을 얻으며 소설 분야 주간 베스트 1위, 종합 4위라는 성과를 거뒀다. 이 두 가지 판매 포인트는 추후 종이책 마케팅에 적극적으로 활용될 예정이며, 바라건대 미리 이 작품을 읽은 8,000명의 독자 역시 이 책의 열렬한 전파자가 되어주길.

내가 만든 좋은 책 한 권이 독서 인구를 늘린다

사실 마케팅에 관해 논할 때면 그 '방법'에 주목하기 쉽다. 어떤 책이 베스트셀러가 되면 우리가 주목하는 것도 결국 '어떻게'다. 나 역시 기회가 있을 때마다 "그 책 어떻게 마케팅했대?"라고 묻는 경우가 많았다. 치트 키가 있던 시절의 버릇을 버리지 못한 탓이다. 실제로 치트 키가 있던 시절에는 책을 잘 만들고, 먹히는 카피를 써서 타율 높은 채널에 광고하면 책을 띄울 수 있었다. 그런데 지금은?『도둑맞은 집중력』(어크로스)이 X에서 입소문을 타서 팔렸다고 들어도 그 방법을 제대로 따라 할 수 있는 출판사는 거의 없다.

그래서 이제 나는 '어떻게'를 묻는 대신, 더 집요하게 '누가'를 물으려고 한다. 간단한 답이 있어 보이는 '어떻게'보다 독자의 정체를 밝히는 '누가'를 묻는 작업이 훨씬 더 어렵지만, 그것 말고는 다른 길이 보이지 않는다. 그리고 '누가'를 물을수록 결국 마케팅 작업은 점점 앞으로 당겨져 열렬한 전파자가 되어줄 독자를 찾는 사전 마케팅으로, 그 독자가 좋아할 만한 제목과 표지를 뽑는 편집 과정으로, 독자가 기다릴 아이템을 찾는 기획 단계로 회귀한다. 독자로부터 출발하는 기획이 결국 마케팅의 시작이었던 것이다.

운이 좋게도 클레이하우스는 몇 차례의 성공 경험을 통해 전자책 구독 플랫폼에서 독서하는 젊은 독자층이 '누구'인지 파악하는 감이 어느 정도 생겼고, 그들을 1차 소비자로 규정하여 그들이 좋아할 만한 책을 기획함으로써 기획부터 마케팅까지 이어지는 선순환 구조를 만들었다. 물론 여기에 절대적인 공식 같은 건 없다. 의도와 전략을 가지고 접근했지만 실패하는 경우도 많았고, 어느 정도 파악했다고 생각한 이 순간에도 시장은 끊임없이 변하고 있기에 지금 여기에 써놓은 방법들 역시 일회용일 것이 분명하다.

출판 마케팅이 어려운 이유, 그럼에도 어떻게든 답을 찾으려 노력한 흔적 등에 대해 내가 경험한 작은 세계 안에서 이야기를 풀어냈는데, 사실 그래서 출판 마케팅이 더 재미있는 것 같다. 누군가의 아이디어 하나로 꽉 막혔던 길을 뻥 뚫리게 할 수도 있으니까. 우리가 세운 계획이 먹혔는지 즉각적으로 알 수 있고, 또 제대로 먹혔을 때의 희열은 이 일을 계속하게 하는 원동력이 되니까.

코로나19 이후 사람들이 영화관에 가지 않는다고 영화

산업이 완전히 끝난 것처럼 말하기도 하지만, 〈서울의 봄〉 같은 영화가 나오면 여전히 천만 명 이상의 관객이 극장을 찾는다. 책도 마찬가지 아닐까? 사람들이 책을 안 읽는다고 불평할 게 아니라, 그들이 읽고 싶은 책을 만들면 되지 않을까? 그런 책이 수없이 많이 나올 때 비로소 독서 인구가 늘어나는 것 아닐까? 밭을 탓하지 않는 농부가 되어야 한다는 하나 마나 한 소리로 마무리하지만, 이 말은 항상 나 자신에게 하는 다짐이기도 하다. 부디 클레이하우스가 밭의 토양 자체를 더 풍요롭게 만드는 성숙한 농부로 성장해가길.

가보지 않은
길 찾기

박선영 퍼블리온 대표

1년에 출간되는 신간이 8만 종이라고 한다. 365로 나누어 보니 하루에 219종이다. 매일 200권 이상의 책이 세상에 나오고 그중 어떤 책은 베스트셀러가 되고 어떤 책은 출간 됐는지조차 모르게 사라진다. 그렇다면 책이 팔리고 안 팔리는 데 '마케팅'은 어떤 역할을 할까?

어떻게 팔 것인가를 생각하는 일

편집자로 시작해 출판계에서 일한 지 35년 차. 그중 30여 년은 다섯 곳의 출판사에서 일했고, 2020년 4월에 창업해서 출판 일을 지속하고 있다. '마케팅'이란 무엇인지를 궁금해하며 뭔가를 찾아보고 공부해보자고 생각한 건 10년 차 즈음이다. 한기호 한국출판마케팅연구소장이 시작한 출판학교의 '출판 마케팅 과정' 1기생으로 수업을 들었던 기억이 떠오른다. 그 수업을 통해 깨달은 건 '편집' 중심의 사고에서 벗어나야 한다는 것이었다. 어떤 책을 어떻게 잘 만들지에 몰입하기보다 어떻게 팔지를 먼저 생각해야 한다는 건 10년 차 편집자에게 큰 도전이었다.

결혼과 출산으로 9년간 일해온 출판사를 그만두고 잠시 프리랜서로 일하던 어느 날, 지인 소개로 위즈덤하우스라는 출판사를 알게 됐다. 기획 업무에만 전념하는 기획위원 제도가 있다는 것이 새로웠고 1년간 재밌게 일했다. 2005년 7월, 위즈덤하우스 대표의 제안으로 직원으로 일하게 됐고 하나의 조직에서 기획, 편집, 디자인 업무를 총괄하는 역할을 맡았다. 특이한 점은 회사 전체의 마케팅을 총괄하는 조직이 별개로 존재했다는 것이다. 홍보 마케팅 분사를 총괄하는 담당자가 있고, 홍보, 마케팅, 영업이 각각 팀으로 구성됐다. 마케팅은 다시 온라인, 오프라인, 인터넷 마케팅(소셜 미디어)으로 나뉘었다.

책을 기획하고 편집하는 인원보다 홍보 마케팅 분사의 직원 수가 훨씬 많다는 사실이 놀라웠고, 보고 배울 게 너무 많아 매일매일이 새로웠다. 위즈덤하우스는 성장 속도가 매우 빨랐고 나는 그 중심에 기획과 마케팅이 있다고 생각한다. 전사적으로 편집자들의 기획 업무를 독려하기도 했지만 다양한 분야에서 활동하는 전문가를 기획위원으로 영입해 기획을 활성화한 것은 당시 출판계에서 새로운 시도였고 베스트셀러를 만드는 데 크게 기여했다. 『살아 있는 동안 꼭 해야 할 49가지』, 『배려』, 『한국의 부자들』 등 밀리언셀러를 기록한 책들 모두 매주 열리는 기획 회의에서 시작됐다. 기획의 단초인 아이디어가 서서히 발전해가는 과정을 지켜보면서 '기획'이 얼마나 중요한지를 느꼈듯이, 책 만드는 과정에서 열리는 제목 회의와 마케팅 회의에서는 '어떻게 팔 것인가'를 미리 고민하는 일의 중요성을 절감했다.

창업 전 마지막으로 일한 북이십일에서 배운 두 가지는 '고객 기반'과 '팔고 만든다'는 개념이다. 기획부터 편집, 디자인, 마케팅, 영업, 관리까지 출판 전 과정의 바탕에 '고객 기반'과 '팔고 만든다'를 적용하면 일을 풀어가는 방식이 매우 다양해질 수 있다. 기획만 예를 들어도 고객(팬)이 있는 채널(유튜브, 블로그, 인스타그램 등)을 찾아 출판에 성공한 사례가 얼마나 많은가? 출판사가 자사 고객(독자, 팬)을 모으고, 유지하고, 자사에서 만든 콘텐츠를 홍보하고 나아가 판매까지 할 수 있다면 다양한 기획을 실현할 수 있을 것이다.

첫 책, 『언컨택트』

창업을 준비하면서 누군가가 전문적으로 담당하던 마케팅 업무를 오로지 혼자서 해야 한다는 것이 가장 두려웠다. 기획, 편집, 제작, 디자인 업무는 실무적으로 관리해본 경험이 쌓여 어느 정도 자신감이 있었지만, 마케팅과 영업은 직접 부딪쳐본 적이 없어 일단 시작하되 첫 번째 직원으로 마케터를 뽑을 계획이었다.

창업 후 만든 첫 책 『언컨택트』는 트렌드 분석가 김용섭 소장이 집필 중인 원고였다. 출판 등록을 하고 사무실을 구한 시점이 코로나19가 시작되고 갑자기 비대면이 일상화된 때여서 온라인으로 명함을 보내야 했는데 처음으로 인사드린 분이 김용섭 소장이다. 명함을 보내자 바로 회신이 왔다. 마침 집필 중인 원고가 있는데 타 출판사에 이야기를 해둔 상태라 동시에 보내겠다고 했고, 일주일 뒤에 일부 원고를 받아보았다. 파일을 열었을 때 이건 무조건 팔린다는 확신이 들었고, 한 시간 후 계약하고 싶다는 말씀을 드렸다. 저자가 바로 수락한다는 회신을 줘 전화를 끊고 혼자 눈물을 흘리던 기억이 아직도 생생하다.

최대한 빠르게 출판하는 것을 목표로 편집과 디자인을 진행할 수 있는 팀을 구성했고 '어떻게 팔 것인가?'에 집중하면서 동시에 서점을 통해 판매할 수 있도록 물류 회사, 각 서점과 계약을 진행했다. 첫 사무실이 있던 홍대와 파주를 오가며 보낸 시간은 바람처럼 빛처럼 휙휙 지나갔다.

최종 원고를 받은 것이 2020년 3월 30일. 휴일 없이 열흘 만에 편집과 디자인을 마쳤고 인쇄·제본을 거쳐 4월 16일 오전 책이 완성됐다. 4월 14일 가제본을 들고 교보문고를 방문하던 날, 어찌나 떨렸는지 조심조심 출판사를 소개하고 책의 핵심 내용을 말하려던 찰나 책을 이리저리 살펴보던 구매 담당자의 눈이 반짝 빛나는 걸 보았다. 가제본이어서 도서 등록이 안 된 상태였는데 16일에 배본하려면 서지 정보부터 등록해야 한다고 하여 사무실로 돌아가 바로 올렸다. 담당자는 친절한 말투로 "책 잘 만드셨네요"라고 인사말을 건네고는 "매장 300부, 인터넷 200부 보내주세요"라고 했다. 와 500부라니! 초판을 3,000부 제작했는데 교보만 500부면 바로 2쇄를 찍어야 하나 두근두근 설레고 기뻤다.

배본을 4월 16일로 정한 이유는 유튜브 방송 일정을 먼저 잡았기 때문이다. 인기 강사이자 저자로 유명한 김미경 학장이 운영하는 유튜브 채널 〈김미경TV〉에 책 소개를 제안했고, 마침 새로운 시즌을 준비하던 즈음이라 『언컨택트』를 시즌 첫 책으로 소개하기로 했다. 4월 21일 밤 열 시에 방송이 공개된 후 일주일가량 하루 1,000부 이상 책이 팔렸고 단숨에 경제경영 1위, 종합 베스트 2위까지 올라갔다. 방송에 소개된 다음 날, 교보문고 담당자에게 전화가 왔다. 5월 '이달의 책'에 선정됐으니 추가로 2,500부를 보내라는 것이었다. 출간 3일 만에 2쇄, 3쇄 연이어 책을 제작하느라 정신이 하나도 없었다. 기쁨을 만끽할 사이도 없이 바쁜 하루하루를 보냈다.

『언컨택트』는 2020년 교보문고 '올해의 책'에 선정됐고, 출간한 지 3개월 만에 일본 쇼가쿠칸(100년 된 출판사)에 판권이 수출되기도 했다. 10월에는 진중문고에 선정되는 기쁨을 누렸다. 연말쯤 정리해보니 책이 출간되고 나서 할 수

창업 후 만든 첫 책 『언컨택트』는 2020년 교보문고 '올해의 책'에 선정됐고, 출간한 지 3개월 만에 일본 쇼가쿠칸에 수출되기도 했다.

있는 일을 다 한 것 같았다. 종합 베스트 2위, 경제경영 1위, 교보문고, 예스24, 알라딘 웰컴 상단 배너 노출, 이달의 책으로 전국 교보문고에 진열되는 것도 보고, 큰글자책으로 제작해 도서관에 납품도 하고……. 창업하고 만든 첫 책으로 이 모든 일을 해낼 수 있었음에 감사했다. 김용섭 소장과는 이 책을 계기로 '트렌드 인사이트' 시리즈를 기획하여 연간 1종 정도 출간을 지속하고 있다.

진심을 다한다는 것

2023년 5월에 출간된 『알아차림에 대한 알아차림』은 세계적인 명상가 루퍼트 스파이라가 쓴 명상서다. 저자로 만나고 싶었던 김주환 교수가 이 책을 추천해주었다. 위즈덤하우스에서 일하던 2009년 '회복탄력성'에 관한 다큐멘터리를 보고 그를 찾아갔는데, 2년 후에 『회복탄력성』(위즈덤하우스)이 출간됐다. 이 책은 스테디셀러로 자리 잡았고 지금까지 꾸준히 판매되고 있다. 저자에 대한 깊은 신뢰가 있었기에 추천해준 책은 판권 확인 후 바로 계약을 진행했다. 1년 만에 번역 원고를 받았고, 어떻게 팔아야 할지 계획이 서지 않아 미출간 도서로 남겨두었다.

2023년 2월, 김주환 교수가 집필한 책 『내면소통』(인플루엔셜)이 출간됐고, 763쪽 분량의 두꺼운 책임에도 인문 베스트셀러 순위에 바로 진입했다. 책을 구입해 읽은 뒤 그의 강연을 듣고 주변 사람들에게 선물도 여러 권 했다. 『내면소통』은 나의 인생 책 중 하나가 됐다. 이 책을 읽고 『알아차림에 대한 알아차림』 번역 원고를 다시 보니 어떻게 만들어야겠다는 판단이 섰고, 출간과 함께 김주환 교수가 운영 중인 유튜브 채널에서 책을 소개하기로 했다.

책 디자인은 최대한 원서처럼, 홍보의 핵심은 '『내면소통』의 저자 김주환 교수가 번역한 최고의 명상서'였다. 제작이 완료되고 초도 배본을 한 상태에서 유튜브 방송을 라이브로 진행했고 반응이 아주 좋았다. 2주 만에 초판 5,000부가 전부 소진됐고 바로 증쇄에 돌입했다. 이 책은 지금도 꾸준히 판매되고 있다.

『파견자들』은 김초엽 작가의 두 번째 장편 소설로 출간 전부터 화제가 됐다. 예스24 오리지널에서 선공개를 하기로 한 데다 종이책도 2주간 예스24와 동네책방에서 선판매를 하기로 했기 때문이다. 문학 분야에서 가장 '핫한' 저자의 신작을 특정 서점에서 선판매한 것은 잘한 일일까? 단순히 숫자로만 계산한 일이 아니기에 다시 돌아간다 해도 나는 같은 결정을 했을 것이다.

김초엽 작가와의 인연은 2017년에 시작됐다. 위즈덤

하우스에서 일할 때 어느 날 혜성처럼 등장한 신인 작가의 소식이 신문에 실렸다. 그 기사를 본 다음 날 김초엽 작가에게 장편 소설을 계약하고 싶다는 편지를 써서 보냈고, 장편 소설을 출간한다면 나와 함께하겠다는 약속을 받았다. 그후 위즈덤하우스를 그만두고 잠깐 쉬다가 북이십일 출판사에 들어갔고, 2년 후 창업을 선택하게 됐을 때 김초엽 작가는 처음 약속을 지키겠다고 했고, 진짜로 지켰다.

김초엽 작가의 장편 소설 계약서를 가지고 있는 것만으로 3년 내내 든든했다. 믿음에 어떻게 보답할 수 있을까 꾸준히 생각하고 또 생각했다. 2023년 6월에 초고를 받고 수정을 거쳐 편집에 들어간 것이 8월. 10월 6일 선연재 오픈과 동시에 13일 단독 출간 예약 판매 공지가 올라가고 출간일에 맞춰 제작이 완료될 때까지 하루도 긴장하지 않은 날이 없었다.

이 모든 것이 오픈되기 전에 교보문고와 알라딘 관계자들에게 양해를 구하는 과정은 어려웠지만 꼭 해야 하는 일이었다.

작가 입장에서 대표적인 3대 서점 중 특정 서점에서 선판매를 한다는 것이 부담이었을 텐데 동네책방과 함께한다는 의미에 방점을 두고 북 토크 투어를 결정했다. 11월 18일부터 12월 14일까지 포항, 양산, 일산, 속초, 강릉, 제주, 대전, 구미, 서울 등 총 열세 곳의 서점에서 열린 북 토크는 매회 성황리에 진행됐고 서점 규모가 작으면 작은 대로(15명 내외) 크면 큰 대로(100명 이상) 의미가 있었다. 11월 중순에는 도쿄에서 진행되는 K-book 페스티벌도 있어서 작가의 컨디션을 배려하는 것이 중요했다. 모든 북 토크 일정에 동행한 소감을 한마디로 정리하긴 어렵지만 너무 좋았다. 작가를 좋아하는 독자들의 설레는 눈빛과 미소를 오랫동안 잊지 못할 것이다. 작가는 또 얼마나 행복했을까. 작가와 독자가 나누는 교감이 정말 중요하다는 것을 새삼 절감한 경험이었다.

2024년의 계획 중 하나는 『파견자들』 출간에 맞춰 외국에서 북 토크를 진행하는 것이다. 일본, 중국, 대만 수출은 확정됐으니 맘 같아선 작가와 함께 전 세계 북 투어를 해보고 싶다.

내가 생각하는 출판사의 역할은 저자가 최선을 다해 집필한 원고를 최대한 완성도 있게 잘 만들어 독자와 만나게 하는 것이다. 그 과정에서 할 수 있는 모든 일을 고민하고 실행하는 것, 이것이 마케팅이라 생각한다. 새로운 시도를 하다 보면 시행착오를 겪기도 하고 실패하기도 하는데, 결과적으로 성공하든 실패하든 배울 점이 생기기 때문에 일을 계속해나가는 데 모두 도움이 된다고 믿는다. 성공하면 더 발전시키고 실패하면 다음에 실패하지 않도록 수정해나가면 되니까.

창업하고 만든 책이 31종이다. 종수가 늘어난 만큼 '마케팅' 경험이 쌓였고 새로운 경험은 계속 쌓일 것이다. 지난 몇 년간의 활동을 돌아보면서 내린 결론은 세상에 없던 완전히 새로운 마케팅은 없다는 것, 없지만 찾으려 부단히 노력해야 한다는 것이다. 그래서 너무 어렵지만 적어도 창업 초기만큼 두렵지는 않다.

빠른 세상에서
느린 매체를 파는 법

이예지 동아시아출판사 마케터

"원고 투고는 저희 공용 메일로 보내주시면 됩니다." 〈기획 회의〉 편집자에게 온 전화를 처음 받았을 때의 일이다. 원고 청탁을 투고 문의로 이해했던 나는 공용 메일을 확인하고는 소리를 질렀다. 충격적인 상황을 마주했을 때 소리는 다 질러놓고 뒤늦게 입을 틀어막는 드라마 속 인물을 보며 왜 저러나 싶었는데 내가 그러고 있었다. 일한 지 1년밖에 안 된 나에게 원고 청탁이라니!

'출판 마케팅의 현재와 미래'라는 주제로 감히 무엇을 말할 수 있을까. 정신을 차리고 나니 걱정이 앞섰다. 그러나 동아시아의 신입 마케터로서 겪은 일을 편하게 쓰면 된다는 격려에 기쁜 마음으로 이렇게 원고를 쓰게 됐다.

SBI(서울출판예비학교)를 다닐 때부터 지금까지 〈기획회의〉를 통해 많은 도움을 받았다. 내가 그랬듯 이 책을 구매한 사람들에게 조금이나마 도움이 되는 글을 쓰고 싶은 마음이다.

낯섦을 새로움으로 바꾸는 법

국제 학술지 〈네이처〉가 발표한 '2023 올해의 과학계 인물'에 최초로 인간이 아닌 챗GPT 기술이 선정됐다. 그만큼 챗GPT의 등장은 하나의 충격적인 '사건'이었다. 자타공인 최고의 과학출판사 동아시아에서도 관련 책을 냈다. 『챗GPT에게 묻는 인류의 미래』는 당시 최신 기술을 누구보다 '빠르게' 전달하기 위해 모두가 힘을 쏟았던 책이다. 다른 출판사도 비슷한 마음으로 앞다투어 관련 책을 냈다. 그 시기의 나는 입사 3개월 차 특유의 초조함과 조급함으로 가득했는데 "우리 책은 지금 나오고 있는 책들과는 다르니 비교하며 걱정할 필요 없어요"라는 부장님의 말에 그제야 우리 도서의 차별점을 제대로 들여다보기 시작했다.

당시에 출판된 타 출판사 책들은 대부분 기술의 원리와 지식 전달에 초점을 맞춘 내용이었다. 하지만 『챗GPT에게 묻는 인류의 미래』는 챗GPT와의 대화로만 구성되어 있는데 그 내용이 굉장히 철학적이다. 사랑, 정의, 행복, 더 나아가 죽음에 관한 것까지도 기계에게 물어본다. 그리고 심도 있는 대화를 통해 도출해낸 결괏값을 바탕으로 어떻게 하면 이 기술을 최대치로 활용할 수 있는지 독자가 경험하게 만든다.

챗GPT와의 대화가 끝난 뒤 저자인 김대식 교수는 독자에게 질문을 던진다. "인간은 기계와 어떻게 다른가?", "인간 역시도 학습된 데이터를 기반으로 재조합해 서로에게 들려주고 있는 것은 아닐까?" 이런 질문은 독자로 하여금 철학적이고 인문학적인 사유를 하게 만든다.

나 역시 책을 읽기 전 챗GPT를 사용해봤지만 그때는 간단한 질문만 주고받는 수준이었기에 사람들이 왜 이렇게까지 열광하는지 잘 알지 못했다. 그러나 책을 읽고 나서 다시 챗GPT를 사용했을 때는 처음과 완벽하게 다른 경험을 할 수 있었다. 나는 이런 점이 새로운 기술에 대한 낯섦과 거부감보다는 신기함과 호기심을 불러일으킬 수 있다고 생각했다. 그래서 마케팅을 진행할 때도 이런 부분을 중점으로 카피를 잡고, 광고물을 제작했다.

챗GPT와 같은 인공 지능의 등장 이후 창작 문제에 대해서도 다양한 화두가 던져졌다. 인공 지능으로 만든 것을 작품으로 인정할지에 대한 의견도 갈렸다. 창작 패러다임의 새로운 과도기였다. 『생성 예술의 시대』는 이 시기에 동아시아에서 출간된 실험적인 책이다. 생성형 인공 지능 '달리'를 통해 만든 작품으로 구성된 이 책은 인쇄 과정이 쉽지 않아 고생하기도 했다. 그만큼 보는 재미가 상당하다. 저자들은 작품을 완성하는 과정에서 기계와 대화를 주고받으며 창의력과 상상력의 근본적 의미에 대해 질문한다.

『생성 예술의 시대』를 마케팅할 때는 처음 카메라가 발명됐을 때의 일화를 카드 뉴스로 제작했다. 그 당시 사람들은 '셔터를 누르기만 하면 완성되는 것'을 예술로 인정하지 않았지만, 지금의 사진은 독자적인 예술로 인정받고 있다. 이것은 이 당시 인공 지능에 대한 의견과도 닮아 있었다. 낯선 존재를 마주했을 때 우리는 거부감을 느끼기 쉽다. 그러나 아주 약간의 호기심이라도 불러일으킨다면 그건 새로움으로 바뀔 수 있다. 새로운 과학 기술이나 생소한 개념을 다루는 책을 사람들이 호기심을 가지고 들여다보게 하기 위해 고민했던 책들이다.

마케팅에서 영상을 활용하는 의미와 효과

마케터로서 나의 가장 큰 고민은 영상 매체와 관련이 깊다. 세상은 자꾸만 새롭게 변화하고 기술은 빠르게 발전한다.

그런 세상에서 우리는 원하는 지식을 마음만 먹으면 쉽게 얻을 수 있다. 어렵고 비싼 책 대신 재밌고 공짜인 콘텐츠가 넘쳐난다. 독서 인구가 해를 거듭할수록 뚝뚝 떨어지는 그 래프를 보며 '그럴 만도 하지'라는 생각이 드는 요즘이다. 이런 현대 사회에서 출판 마케터의 걱정은 하루하루 깊어만 간다.

많은 출판사가 릴스를 찍고, 영상 콘텐츠를 올리고, 유튜브 채널을 찾아 광고를 진행한다. 신입 시절의 나는 그런 걸 볼 때마다 마음이 조급해지곤 했다. 하루는 마케팅 회의 때 우리 도서와 관련된 주제를 다루는 채널 중 구독자가 많고 조회 수가 높은 채널 위주로 목록을 만든 적이 있다. '섭외만 되면 무조건 대박 나지 않을까?' 하는 생각이었다. 그런 내게 부장님은 "이 채널을 보고 사람들이 우리 책을 사서 읽을까요?"라고 물었다. 나는 또 중요한 부분을 놓친 것이다. 아무리 조회 수가 높고 댓글이 많은 채널일지라도 사람들이 그 영상을 통해 책에 흥미를 느끼고 구매로까지 이어질 수 있느냐는 다른 문제였다. 나는 아무 생각 없이 시류만 따라가려 했던 것이다.

각성한 채 다시 고민에 빠졌다. 일단 영상을 마케팅으로 활용하는 의미와 효과에 대해 다시 생각했다. 영상은 어려운 내용도 쉽게 전달할 수 있다. 그러나 영상을 통해 습득

한 지식은 휘발성이 강하다. 짧은 시간에 빠른 속도로 전개되는 영상을 보며 스스로 사유할 시간은 거의 없기 때문이다. 그러나 그런 지점을 도서 마케팅의 단초로 활용하는 것이 영상 광고를 진행하는 이유다. 쉽고 재밌게 영상을 보고 나서 더 사유하고 싶게 만드는 것. 그게 광고를 기획할 때 가장 중요한 지점이자 동시에 어려운 과제인 것 같다.

마케팅이 진행되기 위한 필수 조건 중 하나는 사람들의 관심이다. 관심이 가지 않는다면 시작조차 할 수 없다. 콘텐츠가 넘쳐나는 지금, 사람들이 흥미를 느낄 만한 영상을 만드는 일은 점점 더 어려워지고 있다. 심지어 책이랑 연결시켜야 하니 머리가 아프다.

특히 과학책의 접근성은 다른 분야의 책보다 떨어지는 편이다. 다루는 주제 자체가 전문적이고 어렵다는 것이 가장 큰 요인으로 보인다. 나 또한 입사 전에는 그런 이유로 과학책을 잘 읽지 않았다. 그러나 일을 하며 과학책을 통해 크게 경탄하고 감동받은 기억이 많다. 보다 많은 독자가 나와 같은 경험을 해보길 바란다. 과학에는 분명 우리에게 필요한 고찰이 담겨 있다. 마케터로서 과학책이 낯섦과 어려움이라는 장벽에 가려 독자에게 가닿지 못하는 일은 없었으면 좋겠다.

영상을 보고 책을 사서 읽는 사람들은 어떤 마음일까?

앞서 언급한 『챗GPT에게 묻는 인류의 미래』는 출간 기념 기자 간담회를 가졌는데, 그때 김대식 교수가 직접 책과 관련한 강연을 했다. 그 강연 영상은 누적 조회 수 250만 뷰가 넘었고, 이후 책도 바로 베스트셀러에 올랐다. 나는 현장에서 직접 그 강의를 들었는데, 기술에 대한 지식이 전혀 없는 상태에서도 어려운 개념을 쉽게 이해할 수 있었던 신기한 경험이었다. 김대식 교수는 절대 재밌을 수 없을 것 같은 주제도 재밌게 설명하는 능력을 가진 분이다. 덕분에 듣는 내내 몰입이 잘됐다.

누구든 강연을 본다면 복잡하고 어려운 내용을 어느새 다 이해해버린 자신에게 놀랄 것이다. 무엇보다 강연 이후에도 그 주제와 관련하여 다양한 생각을 할 수 있게끔 만들어준 시간이라 유익했다. 스스로 몰랐던 부분에 대해 더 알고자 하는 욕구를 느낀 사람들이 영상을 보고 나서 책도 구매했다는 댓글을 많이 남겨주었다. 동아시아 유튜브 채널에서 직접 확인할 수 있으니 아직 보지 않은 사람들은 꼭 영상을 시청해보길 바란다.

아무런 자극이 없다면 새로운 무언가가 계속 등장해도 굳이 찾아보지 않을 것이다. 바쁘고 각박한 현대 사회에서 사람들은 무의식중에도 자신의 시간을 소비하는 것에 냉정하다. 그러나 지금의 내 삶과 닿아 있다는 생각이 들면 그때부터 관심을 가진다. 그리고 영상을 클릭했을 때 내용이 흥미롭다면 더 알아보고자 하는 욕망을 느낀다. 사실 모두가 다 알고 있는 이야기다. 부끄럽게도 나는 이런 당연한 과정을 빠뜨린 채 그저 책의 성격과 맞는 홍보 채널을 찾기에만 급급했던 것이다.

요즘 베스트셀러 상위권에 위치한 과학책을 살펴보면 어려운 개념이나 새로운 지식을 전달하고 설명하는 데서 끝나지 않고, 이 내용이 어떻게 세계와 연결되며 왜 지금 우리 인생에 필요한지에 대한 함의를 담고 있다. 책을 사는 주체는 사람이라는 사실을 잊지 않기로 다짐했다. 이런 시행착오를 통해 조금씩 더 괜찮은 마케팅을 해나가고 싶다.

시도함으로써 변화는 만들어진다

사람은 잘 안 변한다. 반대로 세상은 빠르게 변한다. 세대별로 경험한 세상의 간극 역시 점점 더 벌어지고 있다. 당연하던 게 당연하지 않게 되고, 한 번도 생각해보지 않았던 걸 생각해야 하는 시대가 온 것이다. 그럼에도 우리는 자신과 상관없는 일에 냉정하다. 알고 보면 밀접한 문제일 수도 있는데 그걸 깨닫지 못한 채 무관심하게 살아가는 것은 슬픈 일이다.

나는 나도 모르게 잘 변하지 않는 사람이 되어가고 있었다. 내 세계에서만 겪은 경험은 점점 더 견고한 가치관으로 자리 잡았고, 자칫하면 고집이 되기도 했다. 이런 상태를 깨닫게 한 것은 사회 과학책이었다. 그 전까지 나는 나의 내부만 살피느라 오히려 내가 존재하는 거대한 외부에 대해서 너무나 무지했다.

김희경 작가의 『이상한 정상가족』(동아시아)은 내가 제대로 읽은 첫 사회 과학책이었다. 이 책은 정상 가족 이데올로기가 불러오는 여러 문제점에 대해 다룬다. 읽는 내내 많이 힘들었다. 막연하게 느꼈던 문제가 명확하게 잘못됐다는 것을 독자 스스로 깨닫게 만드는 책이다. 출간 이후 법이 개정됐다. 책이 크고 작은 영향력을 발휘하며 사회를 바꾸어나가는 모습을 보면서 책의 힘을 느꼈다. 이는 동아시아에 입사하고 싶다고 생각한 계기가 됐다.

입사하고 한 달이 조금 지났을 때 김희경 작가의 신간 미팅에 함께했다. 『이상한 정상가족』 이후 6년 만에 나온 『에이징 솔로』는 여러모로 내게 의미가 깊다. 게다가 책이 출간된 2023년 3월부터 12월까지 꾸준히 독자와의 만남을 가지기도 했다. 출간 전에는 책의 내용을 발췌하여 사전 연재를 하는 방식의 메일링 서비스를 기획했다. 이는 타깃 독자를 확보하기 위함이었는데, 작명 천재 편집자 덕에 '비혼 뒤 맑음'이라는 멋진 이름으로 진행할 수 있었다. 기대보다 훨씬 많은 사람이 구독 신청을 했다. 레터를 읽고 난 뒤 익명으로 소감을 남길 수 있는 공간에서도 활발한 소통이 오 갔다. 덕분에 매번 연재가 끝날 때마다 다양한 피드백을 즉각적으로 받아볼 수 있어 큰 도움이 됐다. 레터를 읽은 사람들은 "나만 그런 생각을 한 게 아니구나"라며 공감한다는 후기를 남겼다.

이렇게 출간 전부터 꽤 끈끈한 연대를 느낄 수 있었던 『에이징 솔로』의 경우, 출간 이후 전국을 순회하며 북 토크를 진행했다. 완전히 다른 삶을 살고 있는 사람들이 책 한 권을 통해 나눈 위로와 공감은 지금까지도 기억에 남는다. 특히 이 책의 북 토크는 편집자가 작가와 함께 진행해서 더 입체적으로 이야기를 나눌 수 있었다. '혼자 앓고 있던 고민과 이야기를 다 같이 나눌 수 있게 만들어주셔서 감사하다' 는 말을 북 토크 때마다 듣곤 했다. 많은 사람이 각자의 방식으로 이 책을 통해 움직이고 있었다.

김승섭 교수의 『타인의 고통에 응답하는 공부』 역시 그랬다. 김승섭 교수는 정말 온몸으로 분투하며 타인의 고통에 응답하기 위해 공부를 한 분이다. 그 과정이 적나라하게 담긴 이 책을 읽는 내내 마음이 아팠다. 할 줄 아는 게 공부뿐이라 당신이 할 수 있는 일을 한 것뿐이라는 글에는 각자

의 자리에서 스스로가 할 수 있는 것을 찾고 싶게 만드는 힘
이 담겨 있었다. 이런 부분이 독자에게 잘 전달되게끔 카피
를 잡고 홍보물을 제작했다. 독자와 직접 소통하기 위한 북
토크를 마련했고, 책을 읽고 난 사람들의 다양한 후기를 공
유하며 소통하기 위해 리뷰 이벤트도 진행했다.

　이런 사회 과학책들을 읽기 전까지는 잘못된 것을 인
식하고 있음에도 자연스럽게 넘겨버렸다. 제대로 느껴보지
도 않은 무력감을 핑계로 내가 할 수 없는 일이라며 외면했
다. 그러나 조금은 불편하고 아픈 이야기에 관심을 가지다
보니 삶을 살아가는 태도 역시 완전히 바뀌었다. 그리고 이
것은 내 인생 전반에서 가장 중요하고 값진 경험이었다. 그
과정이 책을 통해 이뤄졌다는 것 또한 큰 행운이다. 마케터
로서 이런 책들이 나 같은 독자에게 가닿아 조금이나마 좋
은 영향을 줄 수 있으면 좋겠다고 늘 생각한다. 그래서 매사
에 진심일 수밖에 없다.

　2022년 11월에 입사해 지금까지 많은 일을 겪었다.
교보문고를 담당하게 되어 도서 미팅도 다니고, 덕분에
2023년 교보문고 출판 어워즈에서 '내일이 기대되는 마케
터'로 신인상을 수상하는 영광도 안았다. 예스24에서 진행
한 출판사 라이벌전에 동아시아 대표로 인터뷰를 할 수 있
었던 행운은 이렇게 원고 청탁을 받는 기회로 이어졌다. 좋

아서 시작한 일에 수많은 행운까지 더해져 마케터로서의 첫 1년은 그저 행복하고 감사한 기억뿐이다.

무엇보다 출판계에서 일하며 느낀 건 나뿐만 아니라 출판계에 종사하는 모두가 책에 진심이라는 점이다. 좋아하는 일을 하며 같은 걸 좋아하는 사람들과 계속해서 배우고 공부할 수 있는 직업이라는 게 시간이 흐를수록 귀하게 느껴진다. 모든 게 빠르게 흘러가는 세상에서 느린 매체를 파는 일은 어쩌면 앞으로도 쉽지 않겠지만, 나와 비슷한 마음을 가진 사람들과의 연대가 느껴지는 이 직업이 너무 좋다. 그래서 이 일을 오래, 그리고 잘하고 싶다.

인문잡지의
뉴스레터 마케팅

신새벽 민음사 인문사회팀 팀장

2023년 12월 27일, 200번째 〈한편의 편지〉를 보냈다. 2020년 1월, 인문 잡지 〈한편〉 창간호 '세대'를 출간하면서 뉴스레터를 시작한 지 4년째다. 매주 수요일 아침 여덟 시에 보내는 뉴스레터. 이렇게 오래 할 줄 알았다면 물론 시작하지 않았을 것이다. 그동안 무슨 일이 있었나?

기획: 까마득한 2020년

〈한편의 편지〉는 인문 잡지 〈한편〉이 만드는 뉴스레터다. 종이 잡지가 1년에 세 번 출간되는 동안 독자와 소통하는 창구로 기획됐다.

시작은 2019년 가을, 창간호를 준비하는 마케팅 회의에서였다. 받자마자 꽂아놓는 굿즈가 아니라 내용(그때는 '콘텐츠'라는 말을 몰랐다)이 있는 편지를 독자에게 보내고 싶다고 제안했다. 학술과 일상 사이의 잡지라는 콘셉트처럼 함께 읽고 탐구할 수 있는 참고 문헌을 우편으로 보내고 싶다고……. 이때 마케터가 DM Direct Mail보다는 EDM Electronic Direct Mail 마케팅이 좋겠다고 말했다. 출력한 뒤 봉투에 넣어 부치기보다 전자 발송이 간편하다는 것은 자명했다. 마케터는 요즘 뉴스레터가 뜨고 있다고 알려줬다. 이것이 편집자들이 두고두고 회고하는 〈한편의 편지〉의 기원이다.

이메일 마케팅? 편집부가 트렌드에 늦기도 하지만, 이메일 마케팅이라고 하면 받자마자 바로 휴지통에 넣는 광고 메일이나 제목으로 낚시하는 스팸 메일을 떠올리던 시절이었다. 그사이 밀레니얼 세대를 위한 시사 뉴스 서비스 〈뉴닉〉이 2018년 12월에 시작됐고, 경제 뉴스레터 〈어피티〉가 2018년 7월에 시작되어 많은 구독자를 모으고 있었다. 처음 열어본 〈뉴닉〉 레터는 고슴이라는 캐릭터, 반말 서술 등이 눈에 확 띄었다. 지금은 익숙한 문법이지만 그때는 '시사를 이렇게까지 가볍게 이야기하는 것인가?' 하고 생경함을 느꼈다.

2020년에는 이메일 마케팅 플랫폼도 많지 않았다. 민음사에서는 메일침프, 서브스택, 스티비 중에서 해외 서비스보다 사용하기 쉬운 스티비를 쓰기로 했다. 스티비가 디자인 솔루션 기업인 슬로워크에서 분리된 지 얼마 안 됐을 때로, 건너 건너 아는 사람이 대표로 일하고 있다고 전해 듣기도 했다. 〈한편〉 창간호 주제인 '세대'는 미우나 고우나 지금나와 또래인 사람들을 설명하는 핵심 개념인데, 돌아보면초기 뉴스레터 마케팅을 주도한 것은 20~30대였다. 이것은 다음 세대는 뉴스레터를 선택하지 않으리라는 이야기도되는 듯하다.

초기: 매주의 책 소개

〈한편〉은 나를 포함해 3~5인의 편집자가 만든다. 논픽션팀, 인문교양팀, 해외문학팀, 한국문학팀 등 서로 다른 팀을가로질러 협업한다. 만드는 책과 관심 분야가 다 다른 데서비롯되는 다양성이 특장점이다. 뉴스레터를 쓸 때도 이 인원이 돌아가면서 맡는다. 자기 차례가 오는 데 몇 주가 걸린다는 장점이 있다.

초기 〈한편의 편지〉를 보면 각자 소속된 팀의 책을 착실하게 올렸다. 나는 『최용신 평전』(5회), 『클라이브 폰팅의녹색 세계사』(9회), 『나의 덴마크 선생님』(13회) 등 팀 신간을 띄웠고, 이한솔 편집자가 올린 세네카의『철학자의 위로』(6회), 김상욱·유지원의『뉴턴의 아틀리에』(14회)는 인문교양팀 책이다. 첫 한 해를 함께했던 허주미 편집자는 '위대한 흙수저'라는 제목으로 세계문학전집『위대한 개츠비』(4회)를 소개해서 높은 오픈율을 기록했다.

초기에는 종이 잡지와 관련된 책을 소개하고, 구독자가 "괴테의 생각은 글쎄 마음에 들지 않네요" 하고 반응하는 방식이었다. 인문학 읽을거리를 큐레이션하고 독자와 가볍게 소통한다는 콘셉트가 호평을 얻었다. 편집자는 수요일 아침 여덟 시를 지키느라 긴장 상태였다. 매주 담당 작성자를 마케터가 관리하고, 레터에 쓰이는 소제목 이미지를 디자이너가 제작했다. 김유정 마케터가 세이브 원고를 마련하자고 여러 번 청했으나 그렇게 되지는 않았던 기억이 아련하게 떠오른다. 2020년 7월 당시 슬로워크 조성도 대표의 초대로 트레바리 '이메일의 반격' 모임에서 사례 발표를 했을 때, 뉴스레터를 시도하려는 모임 참여자들이 우리가 특별한 시스템 없이 분투하고 있다는 사실을 감지하고 신중해지던 모습도 기억난다.

중기: 뉴스레터는 대화다

〈뉴닉〉은 2024년 1월 11일 기준, 구독자가 59만 명이다. 〈한편의 편지〉는 2만여 명이다. 뉴스레터로 사업을 하는 곳에 비하면 2만 명은 아주 적은 숫자이지만, 출판계에서는 상위권에 든다. 종이책 판매가 주인 출판업계 특성상 뉴스레터 마케팅은 부수적인 일이었고, 그에 대한 부담이 없는 상황에서 우리는 점차 느슨해졌다. 오탈자 없는 완벽한 텍스트와 날카로운 홍보 효과를 노리기보다는 매주 수요일에 계속 발송한다는 데 방점을 찍게 됐다. 좋게 말하자면 "자연스러운 대화"(『스마트 브레비티』, 생각의힘)를 구현한 것이고, 정량적인 평가와 자원 투자 등을 슬렁슬렁했다는 것이다.

〈한편의 편지〉는 시작부터 민음사 홈페이지에 게시하면서 댓글을 청했는데, 어쩐지 온라인보다는 오프라인에서 자주 가족, 친구, 저자가 잘 보고 있다고 언급하곤 했다. 사내에서 편집자와 마케터, 대표가 레터를 보고 있다고 넌지시 이야기하며 피드백을 주기도 했다. 피드백 내용은 단순하고 냉정했는데 '글이 너무 많다', '잘 읽히지 않는다', '잘 읽지 않는다'는 것이었다.

2020년 9월, 33회에서 처음으로 개편한 〈한편의 편지〉는 배너를 도입했다. 보내는 사람이 받는 사람에게 말을 거는 이른바 사적인 커뮤니케이션이 뉴스레터의 가장 큰 매력이라는 팁에 따른 것이다. 아직 편집자 실명을 드러낼 자신은 없어서 각자 프로필 사진을 정하고, 매호 주제에 따라 자기소개를 썼다. 나는 리트리버 막스 프사와 함께 '동물' 호에서는 '개 두 마리와 의형제·자매를 맺은 편집자'였고 '권위' 호에서는 '모두가 "예"라고 할 때 "예……" 하는 편집자'였다. 레터 하나에 여러 사람의 댓글을 이어가는 식이었으니, 이때부터 "코멘트 달아줄 사람?" 하고 구인하는 일이 시작됐다.

내가 〈한편〉을 만들면서 행복하다고 늘 생각하는 점은 동료들과 대화할 수 있다는 것이다. 같은 사무실에서 일하는 동료와 대화하면 책 만드는 일이 좋아진다. 일견 당연한 얘기이지만 소심한 나에게는 결정적인 한 걸음이었다. 방금 나온 표지 시안에 대한 반응, 제목안을 고민하면서 구하는 의견, 인기 있는 기사에 대한 견해 등 솔직한 상호 작용이 편집 회의에서는 말로 이루어진다면, 뉴스레터에서는 글로 이루어진다. 옛적에 쓴 교환 일기처럼 〈한편의 편지〉를 채우는 일은 하나의 대화였다.

우리네 출판 마케팅은 전문가에게 데이터 분석을 맡기거나 고가의 컨설팅을 받는 식으로 돌아가지 않는다. 이 점을 고려하면 댓글로 얻는 동료의 반응은 '어떤 글이 마음에 남는가?'라는 출판 기획의 핵심 질문에 답하는 것이기도 하다. 이번 뉴스레터 200회를 기념하면서 각자 기억에 남는 레터를 꼽았는데, 한솔 편집자가 111회 '두 손 가볍게 떠나기'를 꼽으며 남긴 코멘트가 이렇다. "아주 개인적인 이유로 선정했어요. 육아 휴직을 하기 직전에 썼던 마지막 레터였어요. 몸은 무겁지만 두 손 가볍게 떠나야 하는데, 당시 정리하지 못한 일이 너무 많고 연락하지 못한 사람이 너무 많다는 생각에 끙끙거렸던 기억이 납니다. 그렇지만 떠날 날은 다가오고, 그러던 와중 들어온 책의 한 부분이었어요. 동료 셋이 써준 코멘트가 제게 꼭 필요했던 말, 내 마음과 같아 남의 입으로 듣고 싶었던 말, 석별의 정을 담은 말이라 마음에 크게 남습니다."

지금: 불황기의 소통 창구

〈한편의 편지〉는 마케팅 효과가 있느냐? 출판계 특성상 느슨하게 굴러가던 뉴스레터는 결국 종이 잡지 정기 구독자 하락이라는 현실 앞에서 변화의 필요성을 절감하게 됐다.

2022년 '콘텐츠' 호부터 합류한 맹미선 편집자가 200회를 앞두고 뉴스레터 개편을 제안했다. 그전에는 〈한편〉의 필진이자 구독자였던 미선 편집자는 레터 콘셉트가 명료해 보이지 않는다는 의견을 준 적도 있다. 피드백이란 처음에는 스트레스로 다가오기 마련이지만 매호 민음사 책을 소개하고 코멘트로 집단적 독백을 하는 일의 효과가 불분명하니 바꿔보자는 합의에 이르렀다.

2023년 12월에 타사 레터 조사와 여러 차례의 회의를 거쳐 나온 개선안은 이렇다. 첫째, 책 소개를 기획 노트로 바꾸자. 둘째, 줄글로만 채우지 말고 이미지 삽입, 2단 사용 등으로 가독성을 높이자. 셋째, 작성자 실명을 쓰자. 몇 년 동안 꾸준히 구독 중인 〈콘텐츠 로그〉, 〈반비 책타래〉, 〈인스피아〉 등 다른 뉴스레터의 재미 요인은 결국 그 사람이 뭘 보고 듣고 즐기느냐에 관한 솔직한 이야기였다. 그사이 〈민음사TV〉와 공개 행사에서 이름과 얼굴을 밝힌 편집자들은 실명 공개를 더 꺼릴 것도 없게 됐다. 유진아 디자이너는 코너명과 작성자 배너가 마치 편지지처럼 자연스럽게 이어지는 디자인으로 언제나처럼 콘셉트를 근사하게 구현해줬다.

200회 '1,375일간의 편지'는 마케터가 편집자에게 묻는 미니 인터뷰 그리고 지금은 다른 회사에 간 조은 편집자의 특별 코멘트로 채웠다. 웃긴 이야기와 사진 자료가 풍부한 레터에 역대급 반응 다섯 건이 도착했다. 한번 짚어 갈 것은 반응 숫자의 의미다. 구글 폼으로 받는 구독자 반응은 한 개가 오는 주가 있고 아예 오지 않는 주도 있는데, 이건

'있는 것은 있고 없는 것은 없다'는 존재론의 강력한 실례다. 하나의 반응이 생산자를 웃기고 울린다. 독자와의 소통이 이 모든 일을 해나가는 데 결정적이다. 혹시 뉴스레터 마케팅을 시작할지 고민인 사람이 있다면 두 손 가볍게 시작하되 꼭 반응을 구해보라고 권하고 싶다.

〈한편의 편지〉의 구독자 수는 보통 한 주에 10~30명씩 증가하는데, 개편한 뉴스레터를 발송한 1월 첫 주에는 100여 명이 증가하는 성과를 거두었다. 이 수치를 보고 편집자들은 마케팅의 힘을 느꼈으며, 다음 목표인 종이 잡지 정기 구독자 유치에 매진하자고 결의하게 됐다.

마케팅을 포기하지 않으려면

2023년은 불황을 체감한 해였다. 종이 잡지 정기 구독자가 계속해서 감소했고, 그에 따라 초판 발행 부수가 3,000부로 줄었다. 인문 사회 단행본에 관한 반응과 담론장의 활력 모두 시들시들했다. 이럴 때 나는 마케팅으로 상품을 판다는 것은 호황기의 환상이라는 냉담함으로 기울게 된다.

뉴스레터 마케팅은 독자와 가장 가까이 접촉하는 방식이다, 가장 적은 비용으로 널리 퍼뜨릴 수 있다, '콘텐츠 크리에이터'라면 누구나 갖출 만한 홍보 수단이다……. 이런 애기는 클리셰처럼 느껴진다. 실무자 입장에서 뉴스레터는 블로그가 처음 생겼을 때, 트위터·페이스북·인스타그램 등 소셜 미디어가 도입됐을 때, 유튜브가 붐을 일으켰을 때와 비슷하다. 적응하느라 시간이 걸리지만, 기본값이 되고 나면 그 자체의 효과가 있기보다는 안 하면 티가 나는 그런 서비스가 된 것이다. 〈한편의 편지〉는 평균 오픈율이 20% 후반~30% 초반, 클릭률이 1% 안팎에 수렴된 이래 수치에 큰 변동이 없다. 스티비 팀 또한 『내일의 뉴스레터』(스리체어스)라는 책에서 "역설적으로 데이터가 쌓일수록 '모른다'는 답을 더 많이 하게 된다"며 데이터 분석에서 명쾌한 답을 얻을 수는 없다고 지적한다.

그래도 새해를 맞아 새 옷을 입고 활기를 뿜는 뉴스레터에 거는 기대도 있다. 기획 편지를 띄우려면 내가 주목하면서 따라다니는 저자, 주말에 책을 읽기보다는 드라마를 봤다는 사정, 2024년 여름 도서전에서 터뜨릴 기획 등을 더 숨길 것 없이 쓰게 된다. 이렇게 '존재 양식'을 바꾼 레터는 "새로운 양식에서는 〈한편의 편지〉를 작성하시는 분들의 다양한 경험과 다양한 책을 만날 수 있어서 더 좋아요"라는 반응을 얻었다. 당시에 작업하고 있던 원고를 이야기하자 "얼른 책이 나오면 좋겠어요. 편집자님 화이팅!"이라고 도착한 응원은 실로 김세영 편집자를 찡하게 했다. 독자와의 연결은 작지만 치명적인 영향을 미친다. 이제 내 고민은 레터에 꾸준히 들어오는 〈한편〉 다음 호 주제 제안 중에서 '근로기준법을 다뤄주면 좋겠다'는 제안에 어떻게 응답할지다. 인문학 생산자가 처한 노동 조건을 저자, 편집자, 독자와 어떻게 이야기할까? 지금 이 책을 읽는 여러분의 의견도 궁금하다.

가장 좋은 마케터, 독자

곽선희 위즈덤하우스 스토리독자팀

2023년 11월 30일 유튜브 채널 〈머니그라피Moneygraphy〉에 공개된 영상 「재무쟁이는 이해를 포기한 산업(w. 출판 마케터 조아란)」* 편에서 이재용 회계사는 출판사가 앞으로 가져가야 할 전략으로 브랜딩을 꼽았다. 저자는 누군지 알아도 출판사가 어디인지, 애초에 출판사라는 것에 관심이 없는, 내부에서는 '대감집'이다 뭐다 시끄러운 대형 출판사의 이름조차 가물가물한 독자에게 하나의 패션 브랜드처럼 각인시켜야 한다는 것이다.

---

*   www.youtube.com/watch?v=K_l-SKX0ssE&t=1062s

이 말에 속 시원하게 동의하지는 못해도 유명 저자를 뺏고 빼앗기는 싸움이 치열한 업계에서 믿고 읽는 저자의 책을 만들고 싶은 것만큼이나 믿고 읽는 출판사가 되고 싶지 않은 곳은 없을 테다. 지난 한 해 '위클리 픽션'(이하 '위픽') 시리즈를 꾸리고 운영하며 독자에게 인상을 남기고자 했던 여러 시도를 이 지면에 풀어보려고 한다.

독자가 원하는 이야기를 만들고 스스로 알리게 한다

위픽은 2022년 11월부터 매주 한 편씩 단편 소설을 공개하고, 매달 단행본 네 권을 출간하는 프로젝트다. 위픽을 기획하기에 앞서 독자를 위한 새로운 이야기를 만들고자 전국 독립서점 열 곳을 기반으로 한 가제본 독서 모임 'SSA 비밀요원 프로젝트'를 진행했다. 요원으로 참여한 독자 500여 명에게는 소설을 읽는 이유와 어떤 이야기를 만나고 싶은지 직접 물었다. 장편과 단편, 앤솔러지 중에서 장편을 가장 선호했고, 앤솔러지의 호감도가 무척 낮았다. 소설을 읽는 이유는 제각각이지만, 한 작가의 작품 하나를 온전히 소화하고 싶은 욕구를 확인할 수 있었다.

장르와 형식에 구애받지 않는 '이야기' 그 자체에 대한 갈증을 확인한 편집팀은 다양한 한국 문학이 가장 빠르게 독자와 만날 수 있는 포맷을 상상했다. 매주 연재, 매주 단행본 출간이라는 다소 무모하게 보이는 현재의 시스템은 여러 지면에 발표된 단편 소설이 묶이는 시간을 기다리지 않고 '단 한 편의 이야기'를 깊게 호흡할 수 있는 경험을 원하는 독자를 위해 만들어졌다.

소설집이 아닌 단편 소설을 책 한 권으로 만들기로 결정하면서, 또 매달 네 권을 출간하게 되며 마케팅에 대한 고민도 깊었다. 시리즈 특성상 각 권 모두에 대한 주목도가 높기 어려울 뿐만 아니라, 출간 간격도 밭아 잦은 외부 매체 광고나 노출을 기대할 수 없었다. 위픽이 가장 먼저 해결해야 하는 미션은 브랜드 인지도를 높이는 것이었다.

우선 단편 소설을 온라인에 공개하여 소셜 미디어로 알리는 방법을 택했다. 이후 출간될 작품을 무료로 전재한다는 부담이 있었지만, 열람 기간을 3주로 제한했고(당연하게도 3주 안에 단편 소설을 모두 읽을 수 있는 집중력을 가진 사람은 많지 않다) 독자들이 자발적으로 스크린숏이나 인용구를 퍼트리며 단행본에 대한 기대를 높였다. 위픽 첫 번째 작품 『파쇄』는 위즈덤하우스 소설 대표작인 『파과』(구병모)의 외전으로 전작 팬덤의 주목을 받아 론칭과 함께 브랜드를 알리는 데 큰 도움이 됐다. 후술할 사례인 『소녀는 따로 자란다』(안담)는 신인 작가의 첫 소설임에도 불구하고 온라인 공개 이후 입소문을 타며 역대 조회 수 1위를 달성한 뒤 단행본 판매량도 꾸준히 증가하고 있다.

두 번째 전략은 뉴스레터다. 홈페이지에 공개한 작품을 독자들이 찾게 하고 위픽을 홍보하는 채널로 택했다. 매주 수요일 아침 출근길에 메일함에 도착한 뉴스레터를 읽고 오후에 홈페이지에서 단편 소설을 읽는 흐름이다. 작품 업로드 소식 외에도 편집팀의 일상을 '위클리 리포트'라는 코너에 담은 것은 'SSA 비밀요원 프로젝트'의 경험 때문이다. 편집팀 팀원 모두 두 번 이상 서울을 포함한 각 지역의 독립서점에서 이루어진 독서 모임에 참석하여 독자를 만났다. 독자들은 책뿐만 아니라 책이 만들어지는 과정과 출판사의 역할을 궁금해했고, 좋아하는 작품에 대해 함께 신나게 떠들 수 있는 편집자와의 대화를 즐거워했다. 편집자는 작품을 직접 쓴 저자가 아니기에 더 유난하게, 부끄러워하지 않고 이 책의 특별함을 알릴 수 있다. 그래서 뉴스레터라는 매체로 자리를 옮겨 그 대화를 이어나가기로 했다. 저자와 독자를 잇는 중간자이자 스피커로 나선 것이다.

일방적인 발산이 아닌 대화가 될 수 있도록 독자와 소통하는 코너도 만들었다. '위클리 미션'에서는 간단한 과제를 통해 독자와 일상을 공유한다. 요즘 읽는 책, 구독자에게 추천하고 싶은 책, 나누고 싶은 풍경을 편집팀에 전달할 수 있다. 매주 미션을 보낼 때마다 응답이 오지 않을까 봐 조마조마했지만, 걱정이 무색할 만큼 다정한 답장들이 도착한다. 독자들이 답한 메시지와 사진은 다음 뉴스레터에 소개해 대화는 계속된다. 이렇게 얼굴 한번 본 적 없는 편집자와 독자가 가까워져 위픽은 친구 같은 시리즈, 믿어주고 싶은 브랜드가 됐다. 위픽 오프라인 행사나 팀 출간작 북 토크에서 뉴스레터 잘 보고 있다고 반갑게 인사하는 독자도 늘어났다.

팔고자 한다면 사는 사람의 마음을 알아야 한다. 이것이 독자에게 적극적으로 다가가는 이유다. 일과 후 쉬고 싶은 저녁 시간에 서점을 찾아와 자리를 채우는 것, 단편 소설 하나에 책 한 권과 같은 비용을 지불하는 일이 쉽지 않다는 걸 누구보다 잘 알기에 늘 독자에게 먼저 인사하고 감사하는 마음을 전한다. 그렇게 독자의 손에 들어가는 책은 한 권이 두 권으로 늘고, 두 권이 세 권이 된다. 위픽 시즌 1 연재를 종료하며 휴지를 가지기 전 특집호에는 독자를 참여시켰다. 위픽 시리즈 전권을 소장하고 모든 행사에 빠짐없이 참석한 독자다. 이렇게 연을 맺은 독자들로부터 다음 라인업에 들어갈 저자를 추천받기도 하고, 독자가 스스로 위픽 마케터가 되기도 한다.

반복해서 보여준다, 기억할 때까지

물론 가장 중요한 것은 작품이고 책이다. 위픽은 일반적으로 온라인 공개 후 3개월 뒤에 단행본이 출간되는데, 뉴스레터는 홈페이지 공개를 중심으로 구성이 짜여 있어 단행본 출간 소식을 알릴 공간이 마땅치 않았다. 이에 단행본 출간 소식을 전하기 위해 코너를 신설했다. '위클리 토크'는 단행본에만 수록되는 작가의 말 또는 짧은 인터뷰를 소개하는 코너다. 책이 출간되면 매주 한 권씩 담당 편집자가 작품에 대해 이야기한다. 줄거리를 직접 설명하거나 표지에 들어간 문장을 어떻게 고르게 됐는지와 같은 편집 과정의 비하인드 스토리를 들려주기도 하고, 작품 배경이나 집필 의도를 작가의 입을 통해 들을 수 있다. 지금껏 확성기를 들고 앞에 나섰던 편집자가 진짜 주인공을 모시는 자리다. 같은 콘텐츠를 가공하여 소셜 미디어에 다시 한번 업로드해 피드 노출 빈도를 높인다. 인터뷰는 저자에게도 언젠가 소설집에 수록될 단편 하나를 발표하는 것을 넘어 단독 저서 한 권으로 기억되게 한다. 곧장 판매 부수로 연결되지는 않더라도 반복해서 인상을 남기는 것이 위픽의 주요한 전략이다.

　　반복해서 노출한다는 점에서 단행본 디자인도 치열하게 설계됐다. 각 단편 소설이 마치 초콜릿 한 조각처럼 모여 위픽 시리즈를 구성한다는 데 착안하여 표지에 격자무늬 형압을 넣고, 작품 속 주요한 한 문장과 작품을 상징하는 아이콘을 더했다. "이번 인생은 만족하셨습니까?"(도진기, 『애니』), "우리 숨바꼭질 기억해?"(조예은, 『만조를 기다리며』)처럼 읽는 사람에게 건네는 듯한 문장이나 "누구도 네가 꽃피는 일을 막을 수 없다"(정이담, 『환생꽃』), "이제 서로 자주 좀 들여다보고 살자"(은모든, 『감미롭고 간절한』)와 같이 선물하기 좋은 문장도 있다. 띠지가 앞표지 일부를 가리고 있어 띠지를 벗겼을 때 의미가 달라지기도 한다. 『오로라』(최진영)의 표지 문장 "들키면 어떻게 되나요?"는 띠지를 벗기면 "사랑을 감출 수 없어요"로 완성되는 재미를 더했고, 『소녀는 따로 자란다』는 "차라리 여자랑 사귀고 싶다"라는 문장이 띠지를 제거했을 때 "고 말하면서 운다"가 덧붙어 반전의 뉘앙스가 생긴다. 제목보다 눈에 띄는 표지 문장이 때로 제목이나 부제로 오해되기도 하지만 '요즘 유행하는 책 표지'로 회자되며 어디서 본 듯한 책, 눈에 자주 띄는 시리즈로 자리 잡았다.

선명하고 강렬한 표지 디자인은 모바일 화면으로 볼 때도 시선을 끌고, 인스타그램 피드에 게시되어도 부담스럽지 않다. 서포터즈 개념의 '위피커'를 세 달에 한 번씩 모집해 매월 선택한 신간 한 권과 임의의 구간 한 권을 발송한다. 위피커마다 다르게 연출한 도서 사진들은 시간이 지나도 거의

'숨김' 처리되지 않고 있다. 표지에 각기 다른 컬러와 지류를 사용해 실물을 모아두었을 때 압도된다. 대형 서점과 지역 서점에 아크릴 거치대를 배포해 위픽 시리즈를 모아 전시할 수 있도록 했다. 휴대성을 고려한 작은 판형에 가감 없이 '예쁘다'는 감상이 드는 디자인은 서점에서 위픽을 마주쳤을 때 가볍게 한 권 더 얹어 구입하고 싶게 만든다.

시즌 1 단행본에서는 부록 포스터 '한 장의 소설'을 제공하는 시도가 있었는데, 큼직한 종이 앞뒤에 작품 전체를 인쇄했다. 책 한 권을 사면 같은 내용의 소설을 두 가지 방식으로 소장할 수 있는데, 이 포스터를 함께 읽고 싶은 사람에게 선물할 수도 있고, 인테리어 소품으로 활용할 수도 있다. 처음 부록을 제작할 때는 깨알 같은 글자가 빼곡한 이 포스터를 읽는 사람이 있을지 반신반의했으나 부록에 대한 반응은 뜨거웠다. 포스터 일부를 찍어 소셜 미디어에 게시하는 경우는 물론, 포스터를 가지고 다니는 사람을 봤다는 목격담까지 들려왔다. 다만 아쉽게도 시즌 2에서는 이 부록이 사라졌다. 부록이 붙을 경우 책을 래핑해야 하는데, 미리 보기를 제공하는 온라인 서점과 달리 오프라인 서점에서는 어떤 작품인지 정보를 제공하는 데 한계가 있었기 때문이다.

좋은 작품을 우연히 만나기 위해서

2023년 12월 출간된 『소녀는 따로 자란다』는 위픽을 기획하며 상상했던 성공에 가장 가까운 사례다. SSA 비밀요원 프로젝트부터 위픽까지, 독자가 읽고 싶었던 이야기를 만들고 독자가 나서서 알리는 순환 고리를 만들고 싶었다. 지금까지 소설을 단 한 번도 발표하지 않았던 작가의 작품을 독자가 먼저 알아보고 홍보하는 것은 기적에 가까운 일이다. 다수의 공감을 이끌어내고, 읽은 뒤 자기 경험을 말하고 싶게 만든 작가와 작품의 힘이 가장 큰 동력이었지만, 위픽이었기에 시너지를 낼 수 있었다고 말하고 싶다.

위픽 시리즈에는 등단하지 않았거나 소설을 써본 적 없는 작가들의 첫 소설도 포함되어 있다. 장르와 등단 여부에 관계없이 읽고 싶은 이야기를 찾는 독자가 늘어 전에 없는 이야기를 할 수 있는 작가라면 청탁에 거침없었다. 이소호 시인의 『나의 미치광이 이웃』, 정혜윤 PD의 『마음 편해지고 싶은 사람들을 위한 워크숍』, 싱어송라이터 김목인의 『마르셀 아코디언 클럽』까지 처음 쓴 소설이라는 것을 믿기 어려운 완성도와 독자 반응이 위픽의 도전을 뒷받침한다.

『소녀는 따로 자란다』는 마케팅에서도 조금 다른 방향을 취했다. 홍보용 도서를 발송할 때 탄탄한 팬덤을 보유한 인플루언서에 더해 타깃 독자와 맞닿아 있는 소셜 미디어 이용자라면 팔로워가 아주 많지 않아도 대상으로 선정했다. 짧은 시간에도 금방 읽을 수 있는 단편 소설이었던 터라 도서를 받은 이용자들이 같은 시기에 감상을 나누기 시작했고, 출간 직후 많은 X(구 트위터) 이용자들이 『소녀는 따로 자란다』를 언급했다. 하루쯤 지나자 작품에서 멀리 나아간 담론을 형성했고, 며칠 뒤에는 작품과는 떨어져 있었으나 작품에서 시작된 이야기가 X 코리아 실시간 트렌드에 올랐다. 홍보용 도서를 발송하며 꼭 당장 사지 않더라도 언젠가 살 것 같은 사람들에게도 보내야 할지 고민도 했었지만, 구입할 때까지 기다렸다면 동시에 이야기가 폭발적으로 확산하지는 못했겠다는 생각이 뒤늦게 들었다.

함께 작업하고 싶은 출판사

위픽은 2024년 1월 현재 시즌 2 연재를 막 시작했으며 다음 달 시즌 1 단행본 50권 완간을 앞두고 있다. 2025년 시즌 2를 마무리한 뒤, 위픽은 무엇을 남길 수 있을까. 위픽 프로젝트 이후를 먼저 그려보며 독자를 향한 브랜딩이 아닌 저자와 업계에 매력적으로 보이기 위한 브랜딩에 대해서도 언급하고 싶다.

지난 1년 위픽을 만드는 동안 한국 문학에 관심 있는 사람들에게 눈도장을 남기고자 노력했다. 처음 위픽 원고를 청탁할 때까지만 해도 위즈덤하우스에서 한국 문학을 출간하고 있다는 사실을 잘 모르는 저자들에게 우리가 왜 이런 프로젝트를 시작하게 됐는지 설명하는 시간이 길었다. 지금은 위픽을 만드는 팀이라고 간명하게 소개한다. 그간 위픽을 함께 작업한 저자들을 포함하여 여러 작가와 장편 소설 출간에 박차를 가하고 있다. 애초 목표했던 문학출판사로서의 자리매김을 일부 달성했다고도 볼 수 있다.

50편 이상의 '스토리' IP에 드라마·영화 제작사들의 관심도 높아졌다. "오늘 한국 문학의 가장 다양한 모습"이라는 캐치프레이즈에 걸맞게 장르를 가리지 않고 제작사가 원하는 원천 IP를 적절히 추천할 수 있다. 제작사에 배포하기 위한 카탈로그를 만들어 먼저 소개하기도 했다. 원고 검토에 시간이 오래 걸리지 않고, 단편이기에 각색의 여지가 많다는 것이 장점이다. 소설이 영상화된다면 판매 규모가 달라질 수 있기에 IP 세일즈에도 힘쓸 예정이다.

처음 출판 마케팅을 주제로 원고를 청탁받았을 때 마케팅은 당장 책을 한 권이라도 더 팔아 매출을 올리기 위한 수단이라고 생각했다. 그러나 지난 한 해를 돌아보며 책을 팔고 싶다는 것은 함께 작업한 저자와 그들이 기꺼이 보내

준 소중한 작품을 더 많은 독자가 알아봐주었으면 하는 동
동거림에서 시작됐다는 사실을 깨달았다. 내가 너무나 좋아
하는 이 책을 같이 읽고 싶은 친구 같은 독자가 계속해서 늘
어나길 바란다. 앞으로도 더 많은 독자에게 말을 걸고 인사
하고 싶다.

낯설지만 피할 수 없는
출판 마케팅의 새 흐름

이종호 청미출판사 대표

2023년 메타*에서 스레드가 출시되면서 많은 출판사와 서점이 앞다투어 계정을 만들었다. 이는 네이버, 다음 포털 외에도 블로그, 페이스북, 인스타그램 등의 소셜 미디어와 유튜브 등 매체 활용에 있어서 온드 미디어Owned Media**마케팅

---

* 페이스북과 인스타그램, 스레드의 소셜 미디어 네트워크 그룹으로 이용자의 인구통계학적 정보, 관심사, 성향, 구매 패턴 등에 맞춤형 노출이 가능한 머신 러닝형 광고 매체로 많이 활용된다. 스레드는 트위터와 같은 텍스트 중심의 소셜 미디어 채널이다.

** 매체를 활용한 마케팅은 비용을 지불해야 노출 등의 홍보가 가능한 페이드 미디어Paied Media와 굳이 비용을 지불하지 않고도 기업 자체 계정을 통해 직접 콘텐츠를 게시, 운영하여 홍보 등의 활용이 가능한 온드 미디어로 구분된다.

Part 1 출판인의 마케팅 노트

99

도 활발함을 보여준다. 이처럼 출판사는 작가와의 만남이나 서점과의 네트워크를 통한 책 홍보, 굿즈는 물론이고, 자사 계정을 이용해 독자와 소통하면서 커뮤니티를 만들고 멤버십과 다양한 독서 챌린지, 인증 이벤트 등으로 널리 책을 알리는 마케팅에도 익숙하다. 또한 대형 출판사 중심의 유튜브 채널이나 정기적인 뉴스레터 등도 구독 마케팅으로 독자의 충성도를 확보하기에 충분하다.

1인 출판사인 청미출판사도 이런저런 마케팅 시도는 많이 해봤으나 제대로 한 것은 없어 보인다. 자본이 부족하니 광고도 충분히 못 해보고, 굿즈나 이벤트 등 다양하게 시도했으나 그 전파력은 미미하고, 소셜 미디어를 통한 독자와의 네트워크 형성이나 글쓰기, 일기 클럽과 같이 매듭을 만드는 청미북클럽까지도 과연 최선이었나 하는 생각이 앞선다. 2021년 「국민 독서실태 조사」에 따르면 비독자를 포함한 성인의 연간 독서량은 4.5권으로 2년 전보다 3.0권이 감소했고, 그중에서도 종이책은 2.7권에 불과해 코로나19 팬데믹 시작 시점인 2019년 6.1권에 비하면 절반 수준으로 떨어졌다. 책을 읽는 성인의 연간 종이책 독서량도 6.6권으로 두 달에 한 권꼴이었다. 독자 1인당 연 일곱 권도 안 보는데 청미출판사의 책까지 사도록 지갑을 열게 해야 한다.

2024년을 맞이하면서 현실을 직시하고 지나간 시간보

다 지금의 출판 마케팅이 최선인가를 생각해본다. 매번 해오던 마케팅은 접어두고 작은 출판사의 생존 몸부림을 통해 조금은 낯설지만 피할 수 없는 출판 마케팅의 트렌드와 불황기를 돌파하고 있는 마케팅 사례도 살펴보고자 한다.

독자는 알아도 책 소비자는 잘 모르는 출판사

출판업을 시작하면서 좋은 책을 내기만 하면 되는 줄 알았다. 책을 팔아줄 서점이 있으니까. 독자가 알아봐주는 책도 중요하지만, 출판 유통의 꽃은 서점이 아닌가. 하지만 불황기에는 서점도 인건비와 임대료, 홍보 등 같은 비용을 들여 더 많은 매출을 일으키는 책을 한 권이라도 더 팔아야지, 모든 책을 똑같은 비중으로 판매할 수 없다. 갈수록 대형 서점의 매대는 출판사 광고로 채워지고 작은 출판사의 신간이 설 자리는 더 없어 보인다. 그럼에도 우리가 서점에 의존하는 까닭은 출판사에는 독자에 대한 데이터는 있어도 책 소비자에 대한 것은 없기 때문이 아닐까.

청미출판사는 서점과의 네트워크도 중요하지만, 책 소비자와의 직구를 시작했다('할 수밖에 없었다'가 맞겠다). 청미 책을 구매하러 서점에 갔다가 재고가 없어 여러 번 헛걸음한 독자의 아이디어에서 시작하게 됐는데, 그것이 청미의 판매 채널로 자리를 잡았다. 직구는 신간을 출간하거나 가정의 달, 명절 연휴, 연말연시 등 선물하기 좋은 시점에 주로 홍보하고, 독자가 요청하면 항시 가능하다. 독자에게는 출판사를 통한 직접 구매가 특별한 경험이 되고, 출판사 입장에서는 이벤트성 매출도 되지만 책 소비자의 구매 행동 데이터를 축적하는 기회가 된다. 출간할 책을 검토할 때면 어떤 독자가 이 책을 좋아하겠다, 청미가 어떤 책을 출간하면 어느 독자는 반드시 살 것이라는 추측이 가능할 정도로.

출판사는 콘텐츠를 가지고 책을 제조하는 일이 주된 업무인 반면, 판매는 서점의 몫으로 양분화된 산업 구조이다 보니 독자의 취향이나 장바구니 행태, 구매 동기와 구매 전환율 등 소비자의 행동에 관한 데이터를 보유하고 있는 경우가 적다. 대형 출판사는 자사 회원을 대상으로 충성도를 제고할 수 있는 패밀리 세일과 같은 이벤트를 하지만 한계점이 있다. 따라서 궁극적으로 최종 구매가 일어나는 서점과 같은 고객 데이터를 출판사도 가져야 하지 않을까. 어떤 마케팅이든 고객을 알고, 고객 데이터를 획득하는 과정에서 시작해야 할 것이다. 독자, 소비자 데이터에 대한 고민을 시작하면 이제부터 할 수 있는 마케팅이 많아진다.

새로이 도전해볼 만한 출판 마케팅의 핵심 키워드로 ① 소비자의 구매력에 침투하는 디지털 퍼포먼스 광고,

② 경쟁 우위를 만드는 생성형 인공 지능AI의 활용, ③ 고관여 타깃 유치를 위한 마케팅 고도화, ④ 독자 시장을 확장하는 바이럴 마케팅을 이야기해보고자 한다.

책 구매 퍼널Funnel[*] 관점에서의 디지털 퍼포먼스 광고

인스타그램에서 나이키 브랜드의 게시물에 '좋아요'를 한 번 눌렀을 뿐인데 운동화 광고에 파묻히게 되고(관심사 기반의 머신 러닝형 광고), 유행 중인 '테니스'를 검색했을 뿐인데 온라인 뉴스를 보다가 배너를 잘못 눌러 쿠팡 애플리케이션(이하 앱)으로 이동해 '테니스' 관련 상품 판매 화면으로 들어가버리기도 한다(딥 링크Deep Link).^{**} 심지어 아무리 돌아가려 해도 원래 화면으로 돌아가지 못해 구매하거나 결국은 종료하고 나와야 하는 경험을 한 적이 있을 것이다. 네이버

---

* '깔때기'라는 뜻. 잠재 고객의 노출-인지-탐색-구매와 같은 마케팅 프로세스로 고객 여정Customer Journey 관리의 관점에서 자주 사용된다.

** 배너, 검색 광고를 누른 뒤 특정 웹 URL이나 앱으로 이동하는 링크의 일종으로 앱 내의 특정 화면으로 이동하게 하는 기술. 예를 들어, 운동화 배너 광고를 클릭하면 구매 품목 중에서도 운동화 화면으로 바로 이동하게 한다. 광고로 앱을 설치한 뒤에도 앱 실행 시 해당 화면으로 이동하도록 하는 등 고객의 동선 이탈을 막는 역할을 한다.

포털의 파워링크*(검색 광고)가 아니더라도 검색하면 비슷한 서비스의 앱이 뜨고(앱 캠페인App Campaign)**, 앱 설치를 하고도 이용하지 않으면 그 앱을 통해 구매할 수 있는 아이템이 계속 노출되거나(리타게팅Retargeting)***, A 상품을 구입한 사람들과 유사한 타깃군을 찾아내 A 상품을 노출한다(유사군 타기팅).**** 종국에는 책값은 그 어떤 것보다 저렴한 편인데 책은 왜 안 팔리냐고 울부짖는 우리 출판업자들의 가벼운 지갑을 털어간다.

비용 효율적 마케팅이 그 어떤 분야보다 필요한 곳이 출판업 아닌가. 소셜 미디어에 피드를 올리고 '좋아요'를 받는 정도에서 만족할 것이 아니라, 책 구매라는 목표를 가지

---

* 네이버 키워드 검색 광고. 특정 키워드를 입력했을 때 상단에 뜨는 광고 형태로 입찰 경쟁에 따라 노출 순위가 다르다.

** 앱을 설치하도록 하는 목표를 가진 광고로, 구글 AC App Campaign 와 애플 서치 애드Apple Search Ad가 대표적이다. 구글은 머신 러닝 기반의 광고를, 애플은 앱 스토어 내 검색 기반으로 광고를 노출함으로써 관여도가 높은 고객을 확보한다.

*** 앱 가입자에게 다음 행동을 끌어내기 위해 재노출하는 광고로 특정 이벤트 가입이나 상품 구매와 매출 등의 성과를 이끌어낼 수 있다.

**** A 상품을 구입한 고객의 모바일 기기 정보ADID 등을 매개체로 유사한 인구통계학적 정보, 취향, 패턴, 반응 등을 보인 타깃에게 노출하는 광고. 메타, 구글 등에서 활용 가능하다.

고 노출과 인지, 탐색, 최종 구매 전환Action*에 이르는 퍼널 관점에서 디지털 광고를 운영할 수 있어야 한다. 즉, 브랜드 충성도를 높이기 위한 매체 운영 외에도 책을 구매할 가능성이 높은 타깃을 찾아 맞춤형 소재로 고효율의 성과를 추구하는 머신 러닝 광고 활용과 구매 과정을 이끄는 딥 링크와 검색, 리타게팅, 구매 가능성이 높은 유사 타기팅 전략 등을 구사할 수 있는 디지털 퍼포먼스 광고 역량이 필요하다.

출판 마케팅의 경쟁 우위를 만드는 생성형 AI

한 영어 학습 사이트의 네이버 광고(타임보드)**는 본 적 없는 사람을 찾기 어려울 정도다. 광고 후 한 시간 안에 가입하면 '아이패드'를 주고, '전기 자전거'도 무료다. 계산이 안서는 0원 마케팅과 해지 방법이 소개된 블로그와 민원까지도 바이럴 마케팅이 된다는 평가도 받는다. 하지만 이 업

---

*   광고의 목표가 되는 이벤트 신청 또는 가입, 구매 등의 '행동'을 의미한다.

**   네이버 PC 메인 화면 상단에 노출되는 배너로 시간당 부킹하며 노출 시간이나 노출 대상에 따라 비용이 다르다. 이와 유사하게 네이버 모바일 메인 화면을 이용한 광고로는 스페셜DADisplay AD가 있으며 기본형, 확장형, 타임형, 동영상형 등 다양한 형태가 가능하다.

체는 학습지 하나 파는 데 철저한 계산과 전략하에 마케팅을 한다. 한정된 시간 동안 노출되는 광고 배너는 약 50~100개 정도다. 카피와 그림, 소구점 등 어느 하나 같은 것이 없다. 그러면서 실시간 클릭률을 확인해 클릭이 적은 소재는 끄면서 갈수록 클릭률이 높은 소재만 남긴다. 클릭 후 연결되는 랜딩 페이지*도 무려 10~50개가 노출된다. 랜딩도 핵심 포인트와 이미지, 배열 구조까지 모두 다르다. 이 또한 구매율이 높은 최고 효율의 랜딩만 남긴다. 고성과의 소재와 랜딩은 다음 광고의 학습 데이터가 된다. 이쯤 되면 영어 학습보다는 마케팅 전문 기업으로 보일 정도다.

출판사의 열악한 인력 구조로는 많은 소재와 랜딩 제작, 실시간 운영 등 효율 창출이 쉽지 않다. 이에 생성형 AI의 활용을 주목할 만하다. 제작 생산성을 향상하고 머신 러닝형으로 관리 리소스도 적게 들기 때문이다. 메타나 구글, 틱톡의 생성형 AI 기반의 제작 툴로 자동으로 문구와 배경을 변경하고 캡션을 작성하는 등 손쉽게 콘텐츠를 제작할 수 있는데, 이를 통해 시간과 비용을 절약하고 반응률이 높

---

* 배너나 검색 광고를 클릭한 뒤에 유입되는 웹·앱 페이지로, 상품 설명이나 소구점 등을 통해 타깃에게 원하는 행동을 유도할 수 있는 상세 페이지를 말한다.

을 것으로 예측되는 소재를 제안함에 따라 책 구매나 매출로 이어지는 데 도움이 되리라 기대된다. 최근 삼성생명*과 같은 기업도 필요한 소스를 100% AI로 조달해 영상을 제작했고, GS25는 유튜브 쇼츠를 제작하면서 콘텐츠 콘티를 챗GPT가 답변한 내용을 기반으로 구성하기도 했다.

네이버는 검색창에 이용자가 질문을 하면 AI가 필요한 정보를 취합해 답변을 제공하고 최적화된 상품을 추천하는 광고 상품을 준비하고 있다. 이를 통해 출판사는 별도의 타기팅 없이도 소비자 개인에게 맞춤화된 정보를 제공할 수 있다. 기존에는 검색, 콘텐츠 노출 등으로 성과를 만들어냈다면 이제는 AI의 학습 구조와 대화 속에 우리 책을 어떻게 녹여낼지를 고민해야 한다. 앞으로 생성형 AI에 대한 뛰어난 활용 역량을 가진 출판 마케터가 경쟁 우위를 점할 수 있을 것이다.

---

*   삼성생명은 '좋은 소식의 시작'이라는 브랜드 영상을 제작했다. 제작비가 저렴한 만큼 유튜브, 틱톡 등에서 노출도를 높이는 매체비를 더 많이 사용할 수 있으며, 영상의 창의성보다는 시기성을 선택해 AI로 제작했다는 것만으로도 주목도 높은 홍보가 됐다는 평가를 받았다.

고관여 타깃 유치를 위한 마케팅 고도화

독자 시장을 깊이 파고들기 위해서는 치밀한 타기팅 고도화가 필요하다. 특정 주제에 대한 타깃 마케팅으로 특정 타깃들이 모인 앱이나 웹에 홍보하는 버티컬 플랫폼Vertical Plat-form*을 활용해볼 만하다. 자기 계발 서적이라면 직장인 대상 앱인 '블라인드'와 '리멤버'**를 대상으로, 주식 투자 책이라면 해외 주식 앱인 '인베스팅 닷컴'의 배너를 활용하거나 네이버 카페 '미주미'*** 등에 노출되는 네이버 '커뮤니케이션 애드'****도 좋겠다. MZ세대에게 어필할 책을 낸다면 '에브리타임', '어피티', '네이버 웹툰', '디지털캠프'***** 등을 고려해볼 수 있다.

청미출판사의 『나이 들어도 내겐 영원히 강아지』와 같

---

*　　　특정한 관심사를 가진 고객층을 공략하는 서비스 플랫폼이다.

**　　　블라인드는 국내 1위 직장인 커뮤니티이며, 리멤버는 명함 관리 서비스 앱이다.

***　　　인베스팅 닷컴은 해외 주식 정보 사이트이며, 미주미는 '미국 주식에 미치다'라는 네이버 카페의 준말이다. 2023년 3월 '미국 주식이 미래다'라는 이름으로 바뀌었다.

****　　　관심사 기반의 네이버 카페를 중심으로 한 광고 마케팅이다.

*****　　　에브리타임은 대학생 커뮤니티 서비스, 어피티는 쉬운 뉴스레터 서비스, 디지털캠프는 디지털 마케팅 플랫폼이다.

은 반려동물 노화 대비법 책은 DMP_{Data Management Plat-}form[*]를 활용해 동물병원을 이용한 카드 내역이 있는 사람들을 대상으로 타깃 마케팅을 펼치기도 했다. 이 외에도 DMP는 서점이나 특정 아이템의 구매 이력이 있거나 특정 앱 보유 여부와 관심사 기반 등으로도 타깃 마케팅을 할 수 있다. 네이버 '오픈톡', 카카오의 '오픈채팅', 다음카페의 '테이블' 등 관심사에 기반을 둔 몰입도 높은 특정 커뮤니티는 주제를 타기팅하기에 좋다. 독자를 찾아내 홍보하는 타기팅 기법에 대한 고민은 끝이 없다.

독자 시장을 확장하는 바이럴 마케팅

최근 패션, 뷰티, 식음료 브랜드 위주로 팝업 스토어를 통한 바이럴 마케팅 사례가 많다. 팝업 스토어는 브랜드 경험을 제고하고 소비자의 호기심을 자극하여 미래 고객까지 공략할 수 있다. 주로 희소성을 바탕으로 하는 한정판 굿즈로 방

---

* 　데이터 관리 플랫폼으로, 다양한 소스의 데이터를 수집하여 사용 가능한 형태로 만들어준다. 인구통계학적 정보 외에도 소비 성향, 관심사와 취미, 생활 양식, 구매 이력 등을 통한 정교한 타기팅이 가능하다. 예를 들어 SKP DMP는 SK 계열사의, Lotte DMP는 롯데 계열사의 비식별 고객 데이터를 보유하여 가공해 제공한다.

문을 유도하고, 체험형 이벤트를 통해 브랜드 메시지 전달을 강화하며, 인증 숏 촬영이 가능한 포토 부스를 설치해 소셜 미디어를 통한 2차 확산까지 가능하도록 하면 금상첨화다.

출판사가 개별적으로 팝업 스토어를 열어도 좋겠지만, 독자 시장, 파이를 확장하는 마케팅 수단으로서 출판계 차원에서 고민해보았으면 한다. 독립적인 운영이 부담스럽다면 2022년 서울국제도서전에서의 '배달의민족'과 같은 참여 사례도 고려해볼 수 있다. 다른 업종과의 협업은 이색적이면서도 신규 독자 확보에 도움이 된다. 서울국제도서전 외에도 최근 지역 기반의 북페어가 많이 열리고 있는데 축제의 개념이 아니라 책 판매 중심에서 벗어나질 못하는 것이 현실이다. 단순히 책을 사고파는 시장이 아니라 책 소비자의 탐색과 경험, 공유의 여정 속에서 브랜드 메시지를 효과적으로 전달하면서도 독자 시장을 확장해나갈 수 있는 바이럴 마케팅을 모두가 함께 고민해보았으면 한다.

이미 많은 것을 하고 있는데 무언가 또 새로운 것을 생각하기가 쉽지 않다. 새해 운동 계획 하나도 꾸준히 실행하기 어렵듯이 새로운 마케팅 방식을 익히고 프로세스와 체질을 바꾸기란 쉽지 않다. 그래야 근력도 체력도 생기는데 말이다. 책 판매가 생존과 직결된 작은 출판사의 버둥거림으로 살아내는 이야기를 마쳐본다.

이 책을 왜 읽어야 하냐는
물음에 답하기 위해

이연실 어크로스 마케팅부 부장

어크로스는 지식과 정보에 기반을 둔 대중 교양서를 주로 내는 출판사다. '쉽지는 않지만 이 정도면 읽어볼 만하겠다', '요즘 세상을 해석하려면 이런 지식은 알아둘 가치가 있다' 정도의 온도로 독자를 설득할 수 있는 책들을 주로 기획하고 만든다. '교양과 재미의 중간에서 손이 가는 책'이라고 정의할 수 있을까? 그러나 이를 다르게 표현하면 '꼭 사서 읽을 필요까진 없는 책'이기도 하다.

　회의에서 자주 나오는 질문 중 하나는 '독자가 이 책을 왜 읽어야 해요?'다. 우리가 만드는 책은 당장 필요한 기술이나 팁을 알려주지 않으며, 몰라도 사는 데 별 지장이 없다. 언젠가 H 출판사 대표의 어머니께서 "주소! 주소!" 하게 해야지 '사소! 사소!' 하고 있네"라고 말씀하셨다는 이야기를 소셜 미디어에서 본 적이 있다. 왜 책에는 오픈 런이 없고, 부디 제발 보아달라고 읍소해야 하는 걸까? 물론 유명 인사의 추천이나 매체 노출로 품절되는 사태도 있으나, 그건 남의 책에서나 벌어지는 천수답 같은 일이고(무지 부럽다), 우리 책은 왜 이리 두껍고 어렵고 교양적인지!

하지만 이러한 특징 덕분에 10년 넘게 인문 교양서를 낼 수 있었던 것이기도 하다. 어크로스 책의 출간 초기 흐름을 살펴보면 비교적 언론에 기사화가 잘되고, 오피니언 리더들이 스피커 역할을 해주면서 힘을 받는다. 이는 다시 서점 노출로 연결되면서 판매가 오르는 선순환으로 이어진다. 이 흐름을 타고 적절한 시점에 서점 광고를 하거나 굿즈를 만들어 노출을 유도하는 등 조금 더 판매가 유지될 방법을 붙여나가면서 성과를 냈다. 그러나 언론, 오피니언 리더, 서점 노출이라는 3박자가 모든 책에 맞아줄 리 없고, 더욱이 점점 그 효과가 줄어드는 것을 체감하고 있다.

책보다 재밌는 게 많은 세상에 읽지 않는다는 하소연은 무색하다. 읽어야 할 이유가 명확하지 않으면 독자는 군이 시간과 돈을 내어주지 않는다(나도 그중 하나다). 3박자의 기적이 일어나도 예전만큼 책 판매가 되지 않는 시간 속에서 사는 요즘, 어크로스에서 고민하고 실행했던 마케팅 성공 사례 몇 가지를 꺼내본다.

리딩 가이드북: '벽돌책' 완독의 뿌듯함을 선물하다

2023년 어크로스는 600쪽이 넘는 책을 3종 출간했다. 그 중 첫 책, 조지 손더스의 『작가는 어떻게 읽는가』 마케팅 회의에서는 아예 두꺼움을 강조하는 홍보 아이디어가 나왔다. 일곱 편의 러시아 단편 전문과 손더스의 강의로 채워진 구성을 살려, 각 편을 읽고 생각해볼 만한 질문과 인상 깊었던 문장을 적을 수 있는 '리딩 가이드북'을 만들어 독자에게 제공하자는 내용이었다. 이벤트 이름은 '600P CLUB'. 이후 출간될 『이토록 굉장한 세계』와 『못 말리게 시끄럽고, 참을 수 없이 웃긴 철학책』 역시 같은 형식의 가이드북을 제공하기에 맞춤한 책이었다. 보통 수십 명 정도가 참여하던 소셜 미디어 이벤트에 세 자릿수의 참여자가 몰리면서 해볼 만하겠다는 생각이 들었다. 더 고무적인 것은 책과 리딩 가이드북을 받은 독자들의 소셜 미디어 활동이었다. 통상 3주 이상 걸리는 독자 리뷰가 가이드북의 안내에 따라 매주 올라왔고, 양적으로, 또 질적으로 좋았으며 이는 당연히 책 홍보에 큰 도움이 됐다. 완독이 주는 뿌듯함과 함께 읽은 것을 나누고 싶은 독자의 마음을 잘 들여다본 기획이 아니었나 싶다.

참, 이 책들 중 2종은 1만 부 이상 판매됐다.

페이크 북 커버: 독자 반응을 빠르게 반영한 굿즈

『도둑맞은 집중력』 페이크 북 커버 이야기를 빼놓을 수 없
는데, 초기 아이디어가 나온 이후 어크로스 사상 가장 빠르
게 진행된 프로모션이었다. 트위터에서 집중력을 도둑맞아
도저히 책을 읽을 수 없다는 성토와 함께 『도둑맞은 집중
력』이 '집중맞은 도둑력'으로 불리면서 밈이 시작됐다. 며칠
지나면 사라지겠지 생각했던 게 꾸준히 회자되던 어느 날,
출근길 마케팅부 업무 메신저에 "도둑맞은 집중력, 리커버
로 집중맞은 도둑력 하면 어떨지 ㅋㅋ"라고 메시지가 떴다.
담당 마케터의 발언 이후 12일 만에 온라인 서점에 『도둑맞
은 집중력』 페이크 북 커버 이벤트를 걸었다. 그리고 이내
트위터 실시간 트렌드에 '집중맞은 도둑력'이 오르면서 3대
서점에서 해당 커버가 품절되고, 출간 후 3개월이 다 된 시
점에 주당 판매 최고치를 찍게 됐다. 우리 책이 어디에서 발
견되고 어떤 이야기가 오고 가는지를 포착해 거기에 맞춤한
성격의 굿즈를 빠르게 만들어냈기에 가능한 성과였다. 무
엇보다 '가장 빠르고 좋은 방법'에 방점을 두고 협업을 해낸
각 부서의 담당자들이 '일을 성공적으로 해내는 경험'을 할

수 있었던 것이 가장 큰 성과겠다.

자신 있는 책에는 과감한 투자도 필요하다

『이상하고 자유로운 할머니가 되고 싶어』는 교양서에 강한 어크로스에서 잘 팔 수 있는 책은 아니었다. 초기 목표는 3,000부. 그러나 원고를 읽고 말 그대로 반해버린 마케팅부는 그만큼만 팔 수는 없었다. 이 책으로 하고 싶은 일이 너무 많았다. 어크로스는 목표 부수의 10%를 마케팅비로 사용할 수 있다(물론 대표님의 결재가 필요하다). '한데 3,000부 팔아서는 300만 원밖에 못 쓰잖아? 1,000만 원 써서 1만 부 팔아보자!' 뭔가 본말이 바뀐 것 같긴 한데 그만큼 자신이 있었다.

어크로스 타이틀 중 최다 굿즈, 최단기 그리고 최다 리커버, 동네서점 프로모션 등 시키지도 않은 일을 벌이고 또 벌였는데, 하는 족족 판매량이 움직이니까 안 할 수가 없었다. 물론 이런 결과가 마케터만 미쳐서 만들어진 것은 당연히 아니었고, 저자인 무루 작가의 '찐팬'(출간 당시 무루 작가의 인스타그램 팔로워가 1만 명가량이었다)들의 역할이 중요했다. 좋아하는 작가의 책과 굿즈를 적극적으로 소셜 미디어에 알리고, 심지어 두 권, 세 권씩 샀다는 후기들은 그대로 입소문으로 이어졌다. 잘 기획된 굿즈나 리커버로 책의 수명을 크게 늘린 경험은 어크로스 마케팅부의 홍보 외연을 조금 더 넓히는 계기가 되기도 했다.

『소크라테스 익스프레스』역시 초기 판매 목표는 그리 높지 않은 7,000부였다. 철학책을 7,000부 파는 일이 쉽진 않지만, 원고가 너무나도 재밌었기 때문에 높여 잡은 것이었다. 자신이 만난(읽은) 철학자를 체크할 수 있게 만든 기차표 모양의 책갈피를 출간 기념 굿즈로 만들어 매진하고, 온라인 서점 노출로 연결하고, 소셜 미디어에서 독자 이벤트를 하는 과정을 거쳐 출간 한 달여 만에 판매 목표치를 뛰어넘을 수 있었다.

하지만 이 책의 대전환은 김영하 북클럽 도서로 선정되면서부터 시작됐다. 출간 초기에는 전통적인 인문 교양서, 철학서의 주 독자층인 40·50대 남성 독자가 구매하는 양상이 뚜렷했으나 김영하 북클럽 선정 이후 30·40대 여성 독자가 급증하기 시작했다. 김영하 북클럽 운영 특성상 소셜 미디어에서의 엄청난 입소문으로 이어졌는데 이에 힘입어 독자층의 연령대를 더 낮춰보고 싶었다. 그 고민의 결과가 MBTI 기반 테스트 '나와 닮은 철학자 찾기'였는데 내놓은 지 하루 만에 4만 명이 참여했고, 결과적으로 20·30대가 이 책을 좀 더 쉽게 느끼고 집어 들게 하는 효과로 이어